Ryszard Kapuściński

Ryszard Kapuściński

LAPIDARIUM

Czytelnik · Warszawa

1990

Opracowanie graficzne
Andrzej Heidrich

© Copyright by Ryszard Kapuściński, Warszawa 1990

ISBN 83-07-02048-4

Lapidarium to miejsce (skwer w mieście, dziedziniec w zamku, patio w muzeum), gdzie składa się znalezione kamienie, szczątki rzeźb i fragmenty budowli — a to odłamek tułowia albo ręki, a to kawałek gzymsu czy kolumny, słowem, rzeczy będące częścią nie istniejącej (już, jeszcze, nigdy) całości i z którymi nie wiadomo, co robić.

Może pozostaną jako świadectwo czasu przeszłego, jako ślad prób, jako znaki? A może w naszym świecie, już tak rozrośniętym, tak ogromnym, a zarazem coraz bardziej chaotycznym i trudnym do objęcia, do uporządkowania, wszystko zmierza w stronę wielkiego collage'u, w stronę luźnego zbioru fragmentów, a więc — właśnie — w stronę lapidarium?

1988

Z Meksyku
1972

Mały, zadrzewiony skwer w centrum Queretaro. Codziennie o szóstej po południu robi się tu rojno. Najpierw przychodzą kobiety, same kobiety. Są to mamy z córkami na wydaniu. Mamy rozsiadają się na ławkach otaczających kępę starych drzew rosnących na środku skweru. Ławek jest kilkanaście, matek kilkadziesiąt, córek ponad sto. Dziewczyny witają się i zaczynają chodzić parami wokół skweru. Chodzą zgodnie z ruchem zegara, zawsze w tym samym kierunku, niezmiennie, bo to widocznie rytuał praktykowany od zamierzchłych czasów. Po chwili na skwerze pojawiają się chłopcy, miejscowa kawalerka. Też witają się (ale tylko chłopcy z chłopcami) i zaczynają chodzić parami tworząc pierścień krążący na zewnątrz pierścienia dziewcząt. Na zewnątrz i w przeciwnym kierunku.

To krążenie pierścieni trwa godzinę.

Mamy patrzą, są czujne.

Panuje cisza.

Słychać tylko rytmiczne kroki poruszających się par. Regularne, wyraźne, dokładnie odmierzane staccato.

Chłopcy i dziewczęta nie rozmawiają ze sobą, nie wymieniają uwag, dowcipów ani okrzyków. Tylko mijając się, przyglądają się sobie w skupieniu. Te spojrzenia są raz dyskretne, raz natarczywe, ale zawsze obecne i uważne. Obie strony obserwując się oceniają, rozważają, dokonują wyboru. Między tymi dwoma krążącymi pierścieniami wibruje pełne napięcia pole, jest to przestrzeń magnetyczna, naładowana z trudem tłumioną emocją, ledwie powstrzymywanym przyciąganiem.

Po godzinie matki, wszystkie jednocześnie, wstają z ławek i zaczynają się żegnać (trwa to kilka minut). Następnie wołają dziewczęta i razem, powoli, odchodzą do domów. Pierścień chłopców też pęka i rozsypuje się, chłopcy znikają w sąsiednich uliczkach.

Plac pustoszeje.

Słychać tylko ogłuszający świergot ptactwa buszującego w zbitej, zwełnionej kępie drzew rosnących na skwerze.

Tu, w Ameryce Łacińskiej, widać najlepiej, jak świat żyje na różnych piętrach, właściwie — w różnych komórkach, podzielony, zatomizowany. Czy nierówność zawsze rodzi nienawiść? Tu — raczej frustrację, a u wielu nawet — pokorę. Pokora ta jest formą samoobrony, chytrym wybiegiem, który ma zmylić zło, osłabić jego działanie. Ich siłą jest obrona, a nie atak, umieją przetrwać, ale nie potrafią zmieniać. Są jak krzew, który rośnie na pustyni — dość silny, aby żyć, zbyt słaby, aby rodzić.

Istnieją dwa rodzaje korupcji: korupcja bogactwa i korupcja nędzy. Zwykle mówi się o tej pierwszej, tylko o niej, ponieważ bogactwo rzeczywiście demoralizuje. A korupcja nędzy? Z nią mają do czynienia partyzanci w Ameryce Łacińskiej. Chłop, który za pięć dolarów wydaje na rzeź cały oddział, oddział walczący o jego ziemię, o jego życie.

Nędza jest demoralizująca. Jeżeli trzecia część społeczeństwa żyje w nędzy, całe społeczeństwo jest zdemoralizowane. Produktem nędzy jest strach i nakaz kategoryczny, marzenie gorączkowe, żeby wyrwać się z niej za wszelką cenę. Odgrodzić się szybą limuzyny, murem otaczającym willę, wysokim kontem bankowym. Nędza przygniata i odstrasza. Rozluźnia świadomość i skraca perspektywę. Człowiek myśli tylko o tym, co będzie jadł dziś, za godzinę, za chwilę. Nędza jest aspołeczna, jest niesolidarna. Tłum nędzarzy nigdy nie będzie solidarny. Wystarczy rzucić w ten tłum kawałek chleba — zacznie się bójka. Obrazy nędzy nie ciekawią ludzi, nie budzą ich zainteresowania. Ludzie odruchowo odsuwają się od skupisk nędzy. Widocznie w nędzy jest coś wstydliwego, coś poniżającego, jakaś sytuacja porażki, znamię klęski.

Szereg konfliktów ideologicznych pochodzi stąd, że ideologia zmieniając swoje położenie geograficzne zabarwia się inną kulturą, niekiedy zmienia nawet swój sens pierwotny. Każde środowisko kulturowe opatruje tę samą ideologię innym odcieniem, coś jej dodaje i czegoś ujmuje, wędrówka idei jest procesem czynnym, u kresu tej wędrówki idea może wystąpić w najbardziej zaskakująco odmiennym wcieleniu. W każdym ruchu ideologii w przestrzeni — z kraju do kraju, z kontynentu na kontynent, z jednego obszaru kulturowego na inny — istnieje potencjalna groźba schizmy. Potencjalna, a może nawet nieuchronna. Przykład chrześcijaństwa, które przesuwając się na Wschód rozłamuje się na schizmy, zwalczane przez Centrum. Przykład islamu, który rozpada się na schizmy, w miarę jak rozprzestrzenia się na świecie. Centrum zwalcza schizmy argumentem, że schizma osłabia ideologię, że jest jej wroga. Ale dzieje chrześcijaństwa i islamu dowodzą czegoś innego. Schizma przez uterenowienie, przez znacjonalizowanie ideologii — wzmacnia ją, choć jednocześnie (i to jest prawdą) — osłabia Centrum. Słowem — wzmacnia merytorycznie, a osłabia organizacyjnie.

Rodzaje demagogii uprawiane przez tutejszych polityków:
konserwatyści, prawica — ci głoszą, że jest ciężko, ale ciężko wszystkim, stąd wyjście ku lepszemu leży w jedności, a jedność ta winna wyrażać się w skupieniu wokół władzy, we wspomaganiu jej, w rozumieniu itd.,
niby-postępowi — ci atakują bogaczy, obcy kapitał, mówią o nędzy jednych i bogactwie drugich, a potem nic

nie robią, wypalają się w gadaniu, odurzają się gadaniem, jest wreszcie rodzaj demagogii — nazwijmy to — sprawozdawczej, np. exposé prezydenta republiki: dwieście stron zadrukowanych tysiącem cyfr, nazw, dat, po to, aby ukryć rzecz główną — że nie zostało zrobione nic ważnego.

M. zwraca uwagę na ważny element kultury życia w Meksyku (zresztą ogólnolatynoski). Nazywa to asystencją. To potrzeba uczestniczenia w ważnej uroczystości, w której biorą udział ważne osoby. Dla asystencji rzuca się wszystko — jest ona niezbędna dla życia, dla poczucia godności własnej. Powaga, pompa tych uroczystości — mowy, bankiety, nastrój, formalizm. Nikogo to nie razi. Federico Bracamontes, urzędnik bankowy i mój sąsiad, zaprasza mnie na przyjęcie. Okazja jest następująca: Federico maluje. Maluje kicze okropne, powiem nawet — przerażające, czy — jeszcze lepiej: przygnębiające. Robi przyjęcie z okazji ukończenia takiego właśnie kolejnego kiczu. W czasie przyjęcia odsłania obraz. Obyczaj wymaga, aby w tym momencie rozległ się jęk zachwytu. Tak też i jest. Fotograf dokonuje zdjęć, a goście — którzy przybyli tłumnie — wznoszą toasty za kicze następne i gratulują autorowi kiczu właśnie odsłoniętego.

W La Paz (Boliwia). Plaza Murillo jest centralnym punktem miasta. W niedzielę rano panowie politycy przychodzą tu czyścić buty. Każda partia zajmuje inną stronę placu. Każda partia ma swoich czyścibutów. Każda partia ma swoje ulice tradycyjnie zajmowane przez nią na spotkania i spacery. Dzielnice też mają różne. Ważne jest zorientować się w tym systemie, który pozwala wszystkim jakoś żyć, omijać się, siedzieć w swoich matecznikach.

Polityka w Ameryce Łacińskiej jest rozumiana jako zajęcie dla bogatych. Działacz — to bogacz. Partia to rodzaj businessu, a po to, żeby uprawiać business, trzeba mieć kapitał. Biedny, zapytany o poglądy polityczne, odpowiada: „Nie mam poglądów. Jestem na to za biedny". Ta postawa jest wynikiem długich doświadczeń w krajach, gdzie polityka dawała zysk, bogactwo, była źródłem kolosalnych dochodów. Dlatego elity polityczne były i są tu tak zamknięte, tak niedostępne, ekskluzywne: żeby było więcej do podziału, do kiesy. Lud to tylko widz, słabo zorientowany świadek, przygodny kibic.

Umieć ustalić cel konkretny, o który walczy wieś, miasteczko. Ludzie z Santo Victorio walczą o swoje winnice. „Bez wina jesteśmy niczym". Ich talent, ich siła, ich solidarność — wszystko oddane jest walce o winnice. Chłop nigdy nie walczy o ziemię w o g ó l e. Walczy o konkretny kawałek ziemi: od tego dużego kamienia — prosto — do drzewa, które stoi o — tam — na — lewo. Walczy o to, co jest w zasięgu ręki, co może objąć spojrzeniem. Poza granicą horyzontu zaczyna się już inny świat, który do niego nie należy, który jest mu obcy i często — wrogi.

Tegucigalpa: w Tegucigalpie nie ma czym myśleć.

Wielkie place, wielkie ulice mają na całym świecie wspólną cechę: miejsce człowieka zastępuje tłum. Trzeba dojść do małych uliczek, iść na peryferie, wejść w bramy, żeby znowu odnaleźć człowieka.

Teoria czasów lokalnych. Czas posuwa się z różną szybkością zależnie od miejsca na kuli ziemskiej, zależnie od tego punktu, w którym jesteśmy, zależnie od kultury. Ten fakt, że kiedyś istniały różne miary czasu, dowodzi, że ludzie umieli różnicować je, umieli dostosowywać je do lokalnych warunków życia i geografii. Każdy, kto żył z koczownikami na pustyni czy wśród Indian Amazonii, wie, jak nasz zegarek traci tam sens i rację bytu. Jest zbędnym mechanizmem, abstrakcją oderwaną od życia.

Bujna roślinność tropiku myli, stwarza wrażenie łatwej i niezwykłej urodzajności. Tymczasem wszystko osiąga się tu za cenę wielkiego trudu i kosztów. Potrzeba ogromnych nakładów, aby wytrzebić roślinność tropikalną i oczyścić pole pod zasiewy i uprawy. Inne problemy — plagi insektów, choroby tropikalne. Ale przede wszystkim — deszcze, które niszczą ziemię, zmywają próchnicę, przerywają komunikację. Ktoś przewiduje, że gdyby wyciąć dżungle Amazonii, rejon ten, w ciągu pół wieku, zamieni się w pustynię.

Wiadomość o gazecie elektronicznej, która błyskawicznie przeniesie informację do każdego domu. Tak, ale problem polega na tym, że procesowi przyspieszenia informacji towarzyszy zjawisko jej spłycenia. Coraz więcej informacji, ale coraz płytszych.
Flash — jest to jednozdaniowa informacja, która poprzedza szczegółowy opis zdarzenia. Ale jeżeli całą informację sprowadzi się do flash'ów — co zostanie? Potok wiadomości, który będzie tylko ogłuszał, stępiał wrażliwość, usypiał uwagę.
Jednozdaniowa informacja to często po prostu dezinformacja. Oto pojawiła się wiadomość: „Anguilla ogłosi niepodległość". Anguilla to mała, piękna wysepka na Morzu Karaibskim. Stara, brytyjska posiadłość. Znalazł się tam sprytny człowiek, niejaki John Webster. Zawarł

cichą umowę z jedną z firm hotelowych z Miami, że sprzeda im Anguillę, która jest jedną wielką, gorącą plażą. Aby doprowadzić transakcję do skutku, Webster założył partię narodowowyzwoleńczą, a następnie ogłosił wyspę niepodległym państwem (mieszka tam dziesięć tysięcy ludzi). Skończyło się wysłaniem na miejsce oddziału policji londyńskiej i ucieczką Webstera do Miami.

Krajobrazy andyjskie — głębokie, plastyczne, rzeźbione z rozmachem, wypełniające całą przestrzeń. Nasze ludzkie zagubienie w tych krajobrazach.

„Druga religia" — temat i tytuł eseju o piłce nożnej w Ameryce Łacińskiej. Zaczyna się od szmacianki w dzielnicy slumsów — ciasne uliczki, podwórka, ścisk uganiającej się, rozszalałej, rozkrzyczanej dzieciarni. W Brazylii — tradycja lansowania króla futbolu, jak gdzie indziej lansuje się gwiazdę filmową lub — wodza ludu. Król kopnął piłkę, król strzelił gola — to napełnia ich dumą. Może dlatego, że ktoś, że jeden z nich p o t r a f i ł c o ś z r o b i ć. Mecz piłkarski — jako przyczyna wojny, jako przyczyna masakry, jako mechanizm patriotycznego wyładowania (miasto po meczu wygranym, miasto w ekstazie, Meksyk, Lima, Montevideo jak w czasie festynu, rozświetlone, kolorowe). Mecz ważniejszy niż zmiana rządu (w Ekwadorze zrobili zamach wojskowy w czasie, kiedy wszyscy siedzieli przed telewizorami oglądając swoją drużynę grającą z Kolumbią i nikomu nie przyszło do głowy wystąpić w obronie usuniętego gabinetu). Mecz jako przyczyna samobójstw (pewna dziewczyna w Salwadorze po utracie bramki na rzecz Chile), zabójstw popełnionych w euforii, w szczęściu (częsty przypadek w Brazylii). Nogi Pele (bardzo brzydkie, kosmate i krzywe) są dokładnie i nieustannie fotografowane — w Guadalajarze Pele siada na fotelu, a tłum fotoreporterów czołga się po murawie boiska, fotoreporterzy walczą ze sobą, rozpychają się, walą po głowach kamerami — każdy zabiega o lepsze zdjęcie nóg Pelego, którym później gazety poświęcą swoje kolorowe dodatki.

Diego Rivera. Jego freski w kaplicy Escuela Nacional de Agricultura, w Meksyku (rok 1926). Prowokacja! Bo stoi ołtarz, krzyż, są ławki dla wiernych. Ale na ścianach wymalowane sierpy i młoty, czerwone gwiazdy, nagie baby wiejskie. Zapata złożony w grobie. Chłopi z karabinami: Kaplica Sykstyńska Rewolucji Meksykańskiej, ,,Tym, którzy padli i którzy jeszcze padną w walce o ziemię". Rivera — witalny, śmiały, niby-prymitywny, mocny, zdecydowany. Bryły — bryły postaci, głów, pięści, kolb kukurydzy, skał. Bryła świadomie zamierzona, ciężka, masywna, dobrze osadzona na podstawie — na ziemi. Rewolucja i religia — Rivera nie umie tego rozdzielić, a może nawet inaczej: mówi nam wprost, świadomy swojego przesłania, że rewolucja może być religią, nadzieją i uniesieniem, nim stanie się kapliczną liturgią, obrządkiem sakralnym, malowidłem naściennym.

Tepotzotlan, Monte Alban, Macchu-Picchu — religia Indian a religia katolicka. Ich religia wymagała otwartej przestrzeni, monumentalnej scenerii. Nasza religia — to zgęszczenie, ścieśnienie, to tłum zbity, spocony, napięty, ich religia — to człowiek w wielkim krajobrazie, to niebo rozpięte, to ziemia i gwiazdy. W takiej przestrzeni tłum znikał, wtapiał się w pejzaż uniwersalny, w tym gigantycznym krajobrazie tłum nie mógł unicestwić jednostki, człowiek mógł być sam na sam z Bogiem, czuć się wolny, złączony z nadziemską wielkością. Ich architektura sakralna sprowadza się do najprostszej geometrii. Żadne detale nie rozpraszają uwagi. Wzrok błądzi w przestrzeni. U nas — tłok i ciasnota, tam — swoboda i nieskończoność, u nas — mur ograniczający, tam — pejzaż nie ograniczony.

Z Kolumbii: zasada wydawania wyroku bez jego egzekucji. Zawiesić nad głową miecz i kazać żyć w cieniu tego miecza. Taki człowiek, z mieczem nad głową, żyjący w warunkach wolności zagrożonej, jest roznosicielem strachu, zatruwa strachem otoczenie. Zachowuje się tak, jakby wszyscy widzieli ten wiszący nad nim miecz. Stopniowo taki człowiek staje się c o r a z   b a r d z i e j   i n n y. Oddala się, nie możemy się porozumieć, tracimy go. I choć miecz nie drgnie do końca, de facto wyrok jest wykonany.

Słowo: różnica między wagą słowa u nich i u nas. ,,I słowo stało się ciałem". Otóż tutaj słowo nigdy nie osiąga tego stadium, tego stopnia krystalizacji. Tu słowo jest korkiem na wodzie, pierzem na wichrze. Pływa, fruwa, rozpada się, jest zmienne jak kalejdoskop, jest nieuchwytne, pojawia się i znika bez śladu, a często — bez wrażenia. Nie ma ciężaru, nie ma tej bezwzględnej, topornej natrętności, nie jest zagrożeniem. Czto napisano pierom, nie wyrubat' toporom. Stąd nabożeństwo odprawiane nad każdym słowem, gdyż jest ono traktowane magicznie, to znaczy wierzy się, że ono rządzi rzeczywistością, że może ją stworzyć, zmienić albo unicestwić.

Opisać proces przemiany białego w BIAŁEGO. Biały w Europie nie ma świadomości, że jest biały. Nie zastanawia się nad tym, nie żyje tą myślą. Natomiast biały w Trzecim Świecie staje się, w miarę upływu czasu, coraz bardziej biały. Jest ograniczony i izolowany przez to, że jest biały, a jednak sam będzie swoją białość umacniać, ponieważ dla niego białość — to wyższość (lub złudzenie wyższości).

Dyskryminacja rasowa jest znacznie bardziej odczuwalna i upokarzająca niż dyskryminacja ekonomiczna. Stąd w Stanach Zjednoczonych istnieje ruch Black Power czy Poder Chicano, natomiast nie ma np. ruchu Italian Power, ponieważ Włosi, choć często źle ekonomicznie sytuowani, nie są dyskryminowani rasowo, są biali. Dyskryminacja rasowa rodzi ruchy protestu i odwetu bardziej gwałtowne i niszczycielskie niż dyskryminacja ekonomiczna.

Charakterystyczne dla ewolucji politycznej inteligenta latynoskiego jest to, że z reguły zaczyna działać na lewicy, a kończy — na prawicy. Zaczyna od udziału w antyrządowej demonstracji studenckiej, a kończy za biurkiem ministerialnym. Od młodego buntownika do starego biurokraty — taka jest jego droga. Nigdzie na świecie przepaść między młodością a starością, między początkiem a końcem życiorysu nie jest tak drastyczna. Campo Salas, komunizujący jako student, kończy jako minister przemysłu i handlu w rządzie Diaza Ordaza (Meksyk). Ekonomista Aldo Ferrer, demaskator systemu argentyńskiego, kończy jako minister gospodarki w rządzie gen. Levingstona. Angel Asturias, pisarz-demaskator, buntownik studencki, kończy jako ambasador skrajnie despotycznego reżimu Montenegro (Gwatemala). Jakaż zdolność asymilacyjna tych reżimów! Przyswoją, wchłoną wszelką opozycję.

Niebezpieczeństwo stagnacji polega m.in. na tym, że stagnacja rodzi akomodację, że wewnątrz systemu niewygodnego wytwarza się podsystem wygodny, z którego część ludzi chętnie korzysta. Pojawia się cała warstwa heroicznych pasożytów podających się za ofiary systemu, ale w rzeczywistości zainteresowanych w jego utrzymaniu, ponieważ zapewnia im względnie wygodne życie.

Gomez Padilla z Dominikany opowiadał mi, że u nich istnieje system list — różne listy sporządzane przez policję, na tych listach różni ludzie zaliczani do opozycji. Na przykład on, Gomez, był na tzw. lista para encarcelar. Jeżeli cokolwiek zdarzyło się w kraju, zaraz był zamykany. Najczęściej nie wiedział dlaczego. Czasem dowiadywał się w areszcie od kolegów, którzy byli na tej samej liście, czasem dopiero po wyjściu albo nawet z gazet. W miarę zaostrzania się represji, coraz więcej ludzi dostawało się na jakąś listę. Była i gradacja list — dzięki protekcjom i łapówkom można było zostać przesuniętym na lepszą, łagodniejszą listę. Ale jeżeli powinęła się noga, można było spaść na listę gorszą. Byli przyjaciele z tej samej listy, były znajomości, które się urywały, kiedy ktoś przechodził na inną listę.

Octavio Paz o Latynosach: „Mieszkańcy przedmieść historii". Tenże: „Na naszych ziemiach wrogich myśleniu". Tenże: „Nasza tradycja ciągłego zaczynania od początku". I jeszcze: „Jest w nas nieustanne poczucie frustracji".

Meksyk. W nędznej wiosce rozmowa z chłopami. Pokorne, zabiedzone typy. Skarżą się na wszystko, wzdychają.

— Dlaczego nie walczycie?
Cisza, po chwili odpowiedź:
— Bo nie mamy świadomości, señor.
Dla nich świadomość to narzędzie takie jak motyka, jak siekiera. To coś materialnego. To nawet jakby luksus. Człowieka biednego nie stać, żeby miał świadomość.

W górach Sierra Madre de Chiapas, w czasie podróży przez Yucatan, widziałem pogrzeb w wiosce indiańskiej. Uderzył mnie roboczy charakter tej uroczystości, w której właściwie nie było nic z uroczystości. Z początku myślałem, że to ludzie wracają z pracy. Szli gromadą, rozmawiali, spierali się. Żadnych strojów żałobnych. Ni śpiewu, ni płaczu. Nieśli dwie trumny, jedna z nich była maleńka — pewnie chowali kobietę i dziecko, zmarłych w czasie połogu. Ów roboczy charakter pogrzebu podkreślał codzienność śmierci wśród tych ludzi, jej zwyczajność.

Chłopi nie wierzyli w śmierć Zapaty. Emiliano Zapata, przywódca rewolucji meksykańskiej, zginął w 1919 roku. Profesor Sorelo Inclan wspomina, że dwadzieścia lat później słyszał chłopów mówiących przed mauzoleum Zapaty: „Tutaj leży jakiś nieboszczyk. Zapaty tu nie ma".

Strach w Urugwaju:
Paco, cynik i złośliwiec, opowiadał mi o eksperymentach, jakie urządzał z ludźmi na ulicach Montevideo. A więc zaczynał iść za przygodnym człowiekiem. Człowiek przystawał — Paco przystawał. Człowiek ruszał — Paco za nim. Po jakimś czasie zaczynał się oglądać: Paco patrzył na niego przez ciemne okulary. Mijały chwile i Paco widział, jak na twarzy człowieka pojawia się pot. Jak jego

koszula zaczyna być mokra na plecach. Wtedy Paco porzucał swoją ofiarę i odchodził.

Wszystko może być dowodem: oto prokuratura generalna Meksyku przedstawia jako dowody oskarżenia przeciw małej, podziemnej organizacji Ruch Akcji Rewolucyjnej m.in. peruki, sztuczne rzęsy, okulary przeciwsłoneczne, maszyny do pisania, magnetofony, lampę naftową, pudełko zapałek, klej itd. Nawet kilka jednakowych łyżek. Wspólnie jedli, a więc stanowili organizację! Konspirowali!

Cechy populizmu:
ambiguo — dwuznaczny, nawet wieloznaczny, nieskonkretyzowany, mętny;
transaccional — polityka przetargów, godzenia sprzeczności, kunktatorstwo, paktowanie;
sin salida — polityka, która nie prowadzi do żadnych ostatecznych rozwiązań, która pozostawia struktury nienaruszone;
demagogico — język ludu, ale działanie — bez ludu, ataki na oligarchię, ale słowne tylko, mgliste i bałamutne.

Nowa mentalność (mowa o ruchach studenckich w Ameryce Łacińskiej), jej cechy:
— potrzeba uczestnictwa,
— potrzeba efektu natychmiastowego, kult fajerwerku,
— potrzeba negacji totalnej, ciągłego przeczenia,
— potrzeba emocji, przeżycia,
— potrzeba akcji, czystego ruchu (od akcji do akcji, bez refleksji, bez analizy, aż do wyczerpania energii, aż do przejścia w przewlekły, przygnębiający stan odrętwienia).

W sumie jest to mentalność subiektywna i spontaniczna, dla której cel jest tak daleki, że aż niewidoczny i dlatego zamiast celu widzi ona tylko środek, mitologizując go i składając mu ofiary.

Paragwaj. Młodzi konspiratorzy. Ich naiwność, niedojrzałość, często — nieodpowiedzialność. Ich kostium, gest, poza. Konspiracja — jako forma życia towarzyskiego, jako styl, jako temat ciekawej rozmowy. Konspirują, bo to należy do dobrego tonu, często konspirują z nudów, żeby coś robić, żeby się tym trochę ponarkotyzować. Ponieważ uważają władzę za wroga kultury, za jej niszczyciela, traktują konspirację jako udział w kulturze, jako rodzaj twórczości. Rzadko jednak myślą o działaniu skromnym, mrówczym, wytrwałym, częściej jest to działanie — manifestacja, w którym chodzi o to, aby się pokazać, dowartościować, coś przeżyć, stworzyć legendę. Przygoda, która czasem kończy się śmiercią. Bezradni, nie mogąc pokonać władzy, czerpią satysfakcję z tego, że nie szczędzą jej obelg, że nią gardzą. W sumie — obie strony są silne i na swoich miejscach. Silna jest władza, gdyż przeciwnik nie zagraża jej fizycznie, i silna opozycja — poczuciem swojej moralnej wyższości, swojej racji. W ten sposób od lat panuje między nimi impas, sytuacja patowa, układ napiętej równowagi, który mimo upływu czasu nie przechyla się na żadną stronę.

Także władza ma własną konspirację. Aby zwalczać przeciwników, tworzy ona organizacje pseudokonspiracyjne, rodzaj półoficjalnego podziemia. Bojówki takie mają różne nazwy: Porras, Esquadron de Morte, Mano Blanca. To one sieją postrach w szeregach opozycji, grożą, terroryzują, wykonują wyroki. Policja udaje, że ma czyste ręce, nawet będzie stwarzać wrażenie, że ściga bojówkarzy (których sama werbowała i którymi kieruje). W rzeczywistości opozycja została zdemoralizowana i zniszczona nie przez frontalne działania aparatu represji, ale infiltracją i prowokacją, a więc dzięki temu, że policji udało się stworzyć dziesiątki niby-to-konspiracyjnych grup i związków i w ten sposób tak zamącić, zaciemnić obraz, tak zatrzeć granice i linie demarkacyjne, taką stworzyć niewyraźność, niepewność i dwuznaczność, że już nikt, poza samą policją, nie był pewien niczego, a i ona też, okresami, gubiła się w świecie, który sama powołała do życia.

Cechą charakterystyczną rozwoju Ameryki Łacińskiej jest to, że nigdy jedna rzecz nie likwiduje drugiej całkowicie, że tutaj „nowe" nie usuwa „starego", że walka między nowym i starym nie kończy się zniszczeniem jednej ze stron, lecz kompromisem, że — słowem — proces rozwoju jest tu procesem nawarstwiania, gromadzenia, dodawania. Tym samym jest to proces kumulacji napięć, które jednak rzadko kończą się wyładowaniem ostatecznym.

Antonio Sanchez (meksykański „Excelsior"), przypominając termin Pawlesa i Bergera „kryptokracja" na określenie współczesnych rządów i ich tajności, pisze: „W państwie współczesnym życie przeciętnego obywatela jest warunkowane tajemniczymi decyzjami podejmowanymi przez grupy nie znanych mu ludzi, którzy mają wpływ na wszystkie dziedziny naszej egzystencji. Wejście do najbardziej zamkniętych elit polityczno-ekonomicznych przypomina ceremonie tajemnych inicjacji, urządzane przez tajne stowarzyszenia w rodzaju masonów".

Siła władzy latynoamerykańskiej polega na jej słabości. Władza pojawia się tylko w momentach ostatecznych. Przez to w życiu codziennym nie jest odczuwana jako instytucja natrętna i wszechstronna, nie drażni. Człowiek porusza się tu w świecie rozluźnionym, który daje mu poczucie wolności.

Honduras. Na przyjęciu poznałem generała w stanie spoczynku — Rojasa Toledo. Przyszedł w mundurze, miał na piersi dwa rzędy orderów. Nie brał udziału w żadnej wojnie. Górny rząd wypełniały ordery „Za Odwagę", które otrzymał za udział w zamachach wojskowych. Za każdego obalonego prezydenta republiki — order. W dolnym rzędzie wisiały ordery „Za Lojalność" — przyznawane w nagrodę, kiedy opowiadał się po stronie rządu — przeciw zamachowcom. Te dwa rzędy orderów bezkonfliktowo koegzystowały na jego piersi.

Ludzie w krajach Trzeciego Świata: ich osłabiony potencjał biologiczny, ograniczona percepcja wskutek niedożywienia, rozwinięte psychozy społeczne itd. Jeżeli w takim środowisku dojdzie do głosu instynkt walki, będzie on miał dwie cechy: a — brak ukierunkowania (bunt destrukcji ślepej), b — krótkotrwałość. Będzie to jednorazowe wyładowanie, po którym nastąpi odpływ, długi okres apatii, rezygnacji, nawet lęku i zwiększonej pokory (czarni, którzy po buncie płaczą, Indianie, którzy chowają się po domach, naciągają na głowy koce). Stąd niewytłumaczalne na pozór reakcje, kiedy np. zbuntowani zdobywają miasto, a potem sami, bez nacisku, wycofują się z niego. Albo żołnierze, którzy po buncie z własnej inicjatywy oddają broń.

Ameryka Łacińska (ogólnie): zwraca uwagę, że wydarzenie polityczne ma tu z reguły płytki, powierzchowny charakter. Powierzchnia jest ruchliwa, wzburzona, a wnętrze, głębia — nieruchome, wnętrze to zastoina. Tutejsze struktury wytworzyły potężne mechanizmy samoobrony, których zbyt słaba opozycja (opozycja najczęściej etyczno-werbalna), nie może przełamać. Mój przyjaciel, Carlos Fereira, jest przykładem człowieka z takiej opozycji. Jego główna cecha to pesymizm posunięty do takiej skrajności, że staje się nieuświadomioną akceptacją status quo. Wszystkie zjawiska negatywne Carlos przyjmuje kiwnięciem głowy oznaczającym: wiadomo, wiadomo, nie może być inaczej. A więc to, że jest źle — jest normalne. Natomiast wszystkie zjawiska pozytywne przyjmuje sceptycznie, nieufnie. Carlos nie stara się zmienić rzeczywistości — chce się od niej odciąć, izolować. Tak również zachowują się tutejsi konspiratorzy i partyzanci. Ich ruch jest przede wszystkim ruchem oczyszczenia moralnego. Cel polityczny jest w jakimś sensie wtórny i nawet niezbyt wyraźnie uświadomiony. Wielu młodych wstępuje do partyzantki, bo nie chce brać na siebie winy za nadużycia systemu. Walczą nie z pozycji pretendentów do władzy, ale z pozycji apostołów egalitaryzmu, rozumianego jako kategoria moralna. Nie myślą o tym, czy zwyciężą, myślą o tym, że chcą być czyści.

Cztery „legalne" metody likwidacji fizycznej przeciwników politycznych: 1 — desaparecido, tj. ten, który zniknął, wyszedł z domu i nie wrócił, szedł ulicą i nagle zniknął, nikt nie wie, co się z nim stało, przecież nie mógł wyparować, a jednak już go nie będzie; 2 — ley fuga, tj. prawo ucieczki, inaczej: ktoś został zatrzymany, ale zaczął uciekać, ściślej — aby usprawiedliwić zabójstwo, policja ogłasza, że zatrzymany zginął, ponieważ usiłował uciekać i policjanci musieli otworzyć ogień, stąd, w rezultacie, ten niefortunny i przykry epilog; 3 — accidente, tj. wypadek. Bardzo częste usprawiedliwienie zabójstwa. Podejrzany jechał samochodem i albo sam wpadł na drzewo, albo ktoś na niego najechał, właściwie nie wiadomo, jak to było dokładnie, ale śledztwo wszystko kiedyś ustali, sprawa zostanie wyjaśniona; 4 — zabity przez „hombres desconocidos", tj. przez ludzi nieznanych, po prostu ktoś go zabił, oczywiście, policja poszukuje morderców, ale czy to tak łatwo znaleźć mordercę? Przecież sam nie przyjdzie i nie przyzna się do winy. Tak, wiemy, że stało się wielkie nieszczęście, nie trzeba nas o tym przekonywać.

Notatka z dziennika „Ovaciones", Meksyk 28.2.72:
„Rafael Radilla Meganda, oskarżony o dokonanie 27 zabójstw, zginął wczoraj tak, jak żył — z pistoletem w ręku. Radilla, którego od wielu lat policja nie była w stanie ująć, został zaskoczony wczoraj w barze w Chilpancingo przez pięciu mężczyzn, którzy wpakowali w jego ciało 125 kul. Radilla wyciągnął swój pistolet automatyczny, ale powalony huraganem pocisków, nie zdążył wystrzelić. Napastnicy uciekli na koniach w kierunku gór otaczających miasto. Policja twierdzi, że byli to bracia pewnego człowieka, którego Radilla zastrzelił w ubiegłym tygodniu".

W tymże mieście, w tym samym barze, człowiek zastrzelił człowieka. Nie znali się. Siedzieli naprzeciw i pili piwo. Żaden nie był pijany. W pewnym momencie jeden z nich wyciągnął pistolet i zabił tego z naprzeciwka. Później, zapytany przez sędziego, dlaczego to uczynił, odparł: „Ponieważ nie podobała mi się jego twarz".

Z Gdańska
1980

Dwanaście sierpniowych dni spędzonych na Wybrzeżu. Szczecin, potem Gdańsk i Elbląg. Nastrój ulicy spokojny, ale napięty, klimat powagi i pewności zrodzony z poczucia racji. Miasta, w których zapanowała nowa moralność. Nikt nie pił, nie robił awantur, nie budził się przywalony ogłupiającym kacem. Przestępczość spadła do zera, wygasła wzajemna agresja, ludzie stali się sobie życzliwi, pomocni i otwarci. Zupełnie obcy ludzie poczuli nagle, że są — jedni drugim — potrzebni. Wzorzec tego nowego typu stosunków, który wszyscy przejmowali, tworzyły załogi wielkich zakładów strajkujących.

W tych dniach można było zobaczyć, jak kształtuje się stosunek między wielkim zakładem a miastem. Kilkusettysięczne miasto samorzutnie podporządkowuje swój los intencjom i dążeniom załogi stoczniowej, której walkę uważa za swoją i której zmagania wspiera solidarnie. Wszelkie mówienie i pisanie w stylu „Zniecierpliwione społeczeństwo Wybrzeża oczekuje, że strajkujący podejmą pracę", powtarzane ciągle w telewizji i prasie, brzmiało tam, na miejscu, jak ponury żart i przede wszystkim — jak obraza. Rzeczywistość wyglądała inaczej: im bardziej przedłużał się strajk, tym silniejsza stawała się wola wytrwania. W tych dniach bramy stoczni i wejścia do innych zakładów tonęły w kwiatach. Bo też sierpniowy strajk był zarazem i dramatycznym zmaganiem się, i świętem. Zmaganiem o swoje prawa i Świętem Wyprostowanych Ramion, Podniesionych Głów.

Na Wybrzeżu robotnicy rozbili pokutujący w oficjalnych gabinetach i elitarnych salonach stereotyp r o b o l a. Robol nie dyskutuje — wykonuje plan. Jeżeli chce się, żeby robol wydał głos, to tylko po to, aby przyrzekł i zapewnił. Robola obchodzi tylko jedno — ile zarobi. Kiedy wychodzi z zakładu, wynosi w kieszeniach śrubki, linki i narzędzia. Gdyby nie dyrekcja, robole rozkradliby cały zakład. Potem stoją pod budkami z piwem. Potem śpią. Rano jadąc pociągiem.do pracy grają w karty. Po przyjściu do zakładu ustawiają się w kolejkę do lekarza i biorą zwolnienie. Ciężkie to życie kierować robolami. Nie ma z nimi o czym rozmawiać. Na wszystkich ważnych naradach wiele jest wzdychania na ten temat.

Tymczasem na Wybrzeżu, a potem w całym kraju, spoza tego oparu zadowolonego samouspokojenia wyłoniła się młoda twarz nowego pokolenia robotników — myślących, inteligentnych, świadomych swojego miejsca w społeczeństwie i — co najważniejsze — zdecydowanych wyciągnąć wszystkie konsekwencje z faktu, że w myśl ideowych założeń ustroju ich klasie przyznaje się wiodącą rolę w społeczeństwie. Odkąd sięgam pamięcią, po raz pierwszy to przekonanie, ta pewność i niezachwiana wola wystąpiły z taką siłą właśnie w owe sierpniowe dni. To przez naszą ziemię zaczęła płynąć ta rzeka, która zmienia pejzaż i klimat kraju.

Nie wiem, czy wszyscy mamy tego świadomość, że cokolwiek jeszcze się stanie, od lata 1980 żyjemy już w innej Polsce. Myślę, że ta inność polega na tym, że robotnicy przemówili — w sprawach najbardziej zasadniczych — swoim głosem. I że są zdecydowani nadal zabierać głos.

Do lokalu Komitetu Strajkowego Stoczni Gdańskiej przyszło pięć kobiet z miejscowej spółdzielni rzemieślniczej. Byłem świadkiem tej sceny. Przyszły, aby przyłączyć się do strajku. Nie chciały podwyżek, nie domagały się nowego przedszkola. One zdecydowały się strajkować przeciw swojemu prezesowi, który był chamem. Wszelkie próby nauczenia go grzeczności i szacunku do nich — kobiet i matek — kończyły się fatalnie, kończyły się szykanami i prześladowaniami. Wszelkie odwołania do wyższych czynników nie przyniosły nic — prezes był dobry, ponieważ zapewniał wykonanie planu. A one dłużej nie mogą tego znieść. One przecież mają swoją godność. Wobec doniosłych postulatów stoczniowych motyw strajku tych pięciu kobiet zdawał się być drugorzędny. Ileż u nas rozjuszonego chamstwa! Ale młodzi stoczniowcy, którzy wysłuchiwali tej skargi, odnieśli się do niej z największą powagą. Oni też walczyli przeciw rozpanoszeniu biurokracji, przeciw pogardzie, przeciw „róbcie, a nie gadajcie", przeciw nieruchomej i obojętnej twarzy w okienku, która mówi „nie!". Kto stara się sprowadzić ruch Wybrzeża do spraw płacowo-bytowych, ten niczego nie zrozumiał. Bowiem naczelnym motywem tych wystąpień była godność człowieka, było dążenie do stworzenia nowych stosunków między ludźmi, w każdym miejscu i na wszystkich szczeblach, była zasada wzajemnego szacunku obowiązująca każdego bez wyjątku, zasada, według której podwładny jest jednocześnie partnerem.

W trakcie wspomnianej rozmowy jedna z kobiet powiedziała: „Czy ten nasz prezes nie mógłby także być człowiekiem?" Dla nich chamstwo było jakąś obcą naleciałością w naszej kulturze, w której tradycji, owszem, istniała szlachecka wyższość, ale nie rozmyślne upodlenie, nie ordynarność, perfidna szykana, brutalna wzgarda objawiana słabszemu. Te zachowania robotnicy Wybrzeża postawili pod pręgierz, nadając naszemu patriotyzmowi ten nowy walor: być patriotą — to znaczy szanować godność drugiego człowieka.

Na Wybrzeżu rozegrała się również batalia o język, o nasz język polski, o jego czystość i jasność, o przywrócenie słowom jednoznacznego sensu, o oczyszczenie naszej mowy z frazesów i bredni, o uwolnienie jej z trapiącej plagi — plagi niedomówień. „Po co to tak owijać wszystko w bawełnę — powiedział jeden ze stoczniowców. —

Nasz język jest zahartowany. On się nie przeziębi". I pamiętam pierwsze spotkanie MKS-u z delegacją rządową. Przewodniczący MKS: „Prosimy przedstawiciela rządu, aby ustosunkował się do naszych postulatów". Przedstawiciel rządu: „Pozwólcie, że odpowiem na nie ogólnie". Przewodniczący MKS: „Nie. Prosimy o odpowiedź konkretną. Punkt po punkcie". Ich naturalna nieufność do odpowiedzi ogólnych, do języka ogólnego. Ich protest przeciw wszystkiemu, co trąci fałszem, luką, wciskaniem kitu, rozmywaniem, kluczeniem. Występowali przeciw zdaniom zaczynającym się od słów: „Jak sami wiecie..." (właśnie nie wiemy!), „Jak sami rozumiecie..." (właśnie nie rozumiemy!). Jeden z delegatów stoczni: „Lepsza jest gorzka prawda niż słodkie kłamstwo. Słodycze są dla dzieci, a my jesteśmy dorośli".

W ich rozgoryczeniu, które odczuwało się w pierwszych dniach strajku, w ich dążeniu, aby stworzyć instytucjonalne gwarancje, nieustannie przebijał duch nie spełnionej obietnicy. Tej, która była dana w latach 70—71. Oni potraktowali ową obietnicę rzeczywiście serio, jako początek dialogu, który będzie się rozwijać, a który — jak dowiodła praktyka — szybko i bez ich wiedzy ustał.

Ich rozwaga, ich rozsądek i — chcę użyć tego słowa — humanizm. Najwyższą karą było — zostać usuniętym ze strajku. I oto scena (zresztą rzadka), kiedy w Gdańsku załoga stoczni postanawia usunąć człowieka, który ją skompromitował. Wałęsa: „Proszę wszystkich, aby pan ten mógł spokojnie i bez żadnej obrazy opuścić stocznię. Proszę was o godne i szlachetne zachowanie".

I jeszcze scena (też Stocznia Gdańska), kiedy przyjechało z Hiszpanii dwóch trockistów. Stoczniowcy poprosili mnie, abym był tłumaczem w tej rozmowie. Trockista:

„Chcieliśmy się zapoznać z waszą rewolucją". Członek prezydium MKS: „Panowie się pomylili. Nie robimy tu żadnej rewolucji. Załatwiamy nasze sprawy. Wybaczcie, ale proszę natychmiast opuścić teren stoczni, bez prawa powrotu".

„Załatwiamy nasze sprawy". Ważne było też to, jak je załatwiali. W tym działaniu nie było żadnego elementu zemsty, żadnej chęci odkucia się, ani jednej próby rozgrywania spraw personalnych na żadnym szczeblu. Zapytani o taką postawę odpowiadali, że „to nie są rzeczy istotne" i że, poza tym, byłoby to „niehonorowe". W tych sierpniowych dniach wiele słów nagle odżyło, nabrało wagi i blasku: słowo — honor, słowo — godność, słowo — równość.

Zaczęła się nowa lekcja polskiego. Temat lekcji: demokracja. Trudna, mozolna lekcja, pod surowym i bacznym okiem, które nie pozwala na ściągawki. Dlatego będą także dwójki. Ale dzwonek już się rozległ i wszyscy siadamy w ławkach.

Z Warszawy
1982

W okresie kryzysu dotkliwiej niż kiedykolwiek odczuwa się sprzeczność między czasem subiektywnym a obiektywnym, między czasem mojego życia, osobistym, prywatnym, a czasem pokoleń, epok, historii. Zdaje nam się, że im bardziej bezwzględnie historia realizuje swoje wielkie, dalekosiężne cele, tym mniejszą mamy szansę na spełnienie naszych zamierzeń, osobistych, jednostkowych. Im większą przestrzeń uzurpuje sobie historia, tym mniej miejsca znajdujemy dla siebie samych. W takich momentach człowiek odczuwa swoją zbędność, zdaje mu się, że został wtrącony w sytuację, w której musi tłumaczyć się, że istnieje (w każdym razie sam fakt istnienia, to, że jestem, może być wystarczającym powodem, aby mnie oskarżyć i prześladować). Twoje plany, ambicje, marzenia? Wszystko to zdaje się błahe, wygląda jak strzępy dekoracji w teatrze, w który przed chwilą uderzyła bomba. Wszystko utraciło znaczenie, rację bytu, sens. Do kogo zwrócić się? Co powiedzieć? Bunt człowieka przeciw molochowi historii, przeciw nieokiełznanej pazerności tego molocha, sprzeczność między człowiekiem-twórcą i człowiekiem-ofiarą historii. Jednoczesność tej antynomii, męczące napięcie, jakie w niej tkwi.

W epoce bezprawia pułapki ustaw i dekretów są tak gęsto rozstawione, że codziennie (często o tym nie wiedząc, nie zdając sobie sprawy) wpadasz w jakąś pułapkę. To znaczy codziennie, chcąc nie chcąc, musisz naruszyć jakieś prawo. Chodzi bowiem o to, abyś stale żył w osłabiającym cię poczuciu winy. W ten sposób na widok władzy, nawet na samą myśl o niej będziesz odczuwać strwożenie, lęk, pokorę. W dodatku w twojej zdeformowanej, spokorniałej świadomości zacznie pojawiać się myśl, że, być może, rzeczywiście jesteś winowajcą, a władza jakąś tam rację ma. Jeżeli władza dopuści się bezprawia, ludzie odnoszą się do tego bardziej tolerancyjnie, niż gdyby uczynił to człowiek prywatny. Oto został aresztowany ktoś zupełnie niewinny. Wiemy, że jest niewinny, ale co najmniej raz, choćby przelotnie, pomyślimy: może rzeczywiście coś złego zrobił? Coś naruszył? Oficjalne bezprawie żeruje na takich chwilach naszego zachwiania, dezorientacji.

A teraz — stosunek władzy do ciebie, obowiązujące w tej dziedzinie reguły gry. Władza wie, że codziennie łamiesz prawo, że — tym samym — jesteś przestępcą. Ale czeka, jest przebiegła i pewna siebie; patrzy, obserwuje twoje ruchy, słucha tego, co mówisz. Niech cię nie myli to, że poruszasz się w miarę swobodnie, że — na razie — nie siedzisz pod kluczem: po prostu korzystasz z prawa łaski. Ale uważaj! Będziesz poruszać się tylko dotąd, dopóki nie zrobisz kroku, który władza zakwestionuje, który uzna za wrogi. W tym momencie nastąpi uderzenie. I dowiesz się, że całe twoje życie było pasmem niewybaczalnych błędów i karygodnych, groźnych przestępstw.

Starganie losu polskiego: co kilka lat nowy etap, nowa scena, nowy układ. Żadnej ciągłości. To, co przychodzi, nie wynika z tego, co było. Co było wczoraj, dziś jest zwalczane albo straciło znaczenie, już się nie liczy. Nic się nie sumuje, niczego nie można zgromadzić, niczego uformować. Wszystko zaczynaj od początku, od pierwszej cegły, od pierwszej bruzdy. Co zbudowałeś — będzie porzucone, co wzeszło — uschnie. Dlatego budują bez przekonania, na niby. Tylko irracjonalne jest trwałe — mity, legendy, złudzenia, tylko to jest osadzone.

Są dwa rodzaje ubóstwa: ubóstwo materialne i ubóstwo potrzeb. Oba są wygodne dla władzy. W pierwszym wypadku — ponieważ bieda osłabia i przygniata człowieka, czyni go bardziej uległym, pogłębia jego poczucie niższości; w drugim — ponieważ ktoś, czyje potrzeby są ubogie, nawet nie wie, że istnieją rzeczy, których mógłby domagać się, zabiegać o nie i walczyć.

Każdy tekst jest odczytywany u nas jako aluzyjny, każda opisana sytuacja, nawet najbardziej odległa w czasie i przestrzeni, jest natychmiast, niemal odruchowo, przekładana na sytuację polską. W ten sposób każdy tekst jest u nas jakby tekstem podwójnym, pomiędzy liniami druku poszukuje się przekazu napisanego atramentem sympatycznym, w dodatku ten utajony przekaz jest traktowany jako ważniejszy i — przede wszystkim — jedynie prawdziwy. Wynika to nie tylko z trudności mówienia językiem otwartym, językiem prawdy. Dzieje się tak również dlatego, że kraj nasz zaznał wszelkich możliwych doświadczeń i jest nadal wystawiany na dziesiątki prób tak najprzeróżniejszych, że już każdemu w naturalny sposób wszelka historia nie-nasza z naszą będzie się kojarzyć.

Stopnie barbarzyństwa: najpierw niszczy się tych, którzy tworzą wartości. Potem zostają zniszczeni również ci, którzy wiedzą, co to są wartości i że ludzie, których przed nimi zgładzono, właśnie je tworzyli. Rzeczywiste barbarzyństwo zaczyna się w momencie, kiedy nikt już nie potrafi ocenić, nikt już nie wie, że to, co czyni, jest barbarzyństwem.

Kiedy pojawiają się pytania, na które nie ma odpowiedzi, oznacza to, że nastąpił kryzys.

W czasie rozmowy ze Szwajcarem nagle zjawia się pokusa, żeby powiedzieć mu — mój drogi, cóż ty wiesz o życiu! Żyjesz jak lord, wszystko masz, nikogo się nie boisz... W takiej chwili z jednej strony odczuwamy wobec Szwajcara zazdrość, ale z drugiej — rekompensujący tę zazdrość przypływ dziwnej satysfakcji, że to my właśnie — nie on! — dotarliśmy do prawdy życia, że posmakowaliśmy jego gorzkiej istoty i zgłębili jego tragiczną tajemnicę. Ten rodzaj filozofii zakłada, że życie jest piekłem i że takie sytuacje, jak spokój, dobrobyt, zadowolenie, są z natury rzadkie, przypadkowe i nietrwałe i ten tylko wie, co znaczy życie prawdziwe, kto cierpi, przegrywa, doznaje krzywdy, zmierza od klęski do klęski.

Umarł.
Był bestią, był podłością. Ale teraz leży w ziemi i wszystko mu wybaczamy. Nie jest zdolny wywołać w nas żadnych silniejszych uczuć — ani grozy, ani nienawiści, ani potępienia. Tak! Naprawdę, szczerze, rzeczywiście, pozwalamy spoczywać mu w spokoju wiecznym, amen.

Zachwycałem się jego poezją. A potem dowiedziałem się, że popełnił wielkie świństwo. I ta poezja nagle mi zgasła. Już nie chciałem po nią sięgać. Nie umiałem oddzielić literatury od życia.

Wszystko jest tu oparte na pewnej zasadzie weryfikacji asymetrycznej, a mianowicie — system obiecuje, że sprawdzi się później (zapowiadając powszechną szczęśliwość, ale dopiero w przyszłości), natomiast żąda od ciebie, abyś sprawdził się już dzisiaj, dając dowody swojej aprobaty, lojalności i pilności. W ten sposób masz zobowiązać się do wszystkiego, system — do niczego.

W społeczeństwie na niskim szczeblu rozwoju powszechnej biedzie towarzyszy powszechna bezczynność. Sposobem na przeżycie nie jest tu walka z naturą, wzmożone wytwarzanie, stały wysiłek pracy, ale — odwrotnie — minimalne wydatkowanie energii, ciągłe dążenie, aby osiągnąć stan bezruchu. Filozofią, która towarzyszy takiemu zachowaniu, takiej egzystencji, jest — fatalizm. Człowiek nie czuje się panem natury, ale jej niewolnikiem przyjmującym z pokorą nakazy i impulsy, jakie odbiera z otaczającego go świata. Jest niemym sługą losu nieuchronnego. Los to dla niego wszechpotężne bóstwo, tabu. Przeciwstawić mu się, to popełnić świętokradztwo i skazać się na piekło.

Nie ma gorszego połączenia niż broń, głupota i strach. Wszystkiego najgorszego można się wówczas spodziewać.

Uważajcie, bo mają broń, a nie mają wyjścia.

Tylko wystąpienie przeciw władzy jest uważane za przestępstwo rzeczywiste i niewybaczalne. Wszystkie inne nadużycia mogą, ale nie muszą, być uznane za przestępstwo.

Nasze ocalenie? W dążeniu do osiągnięcia rzeczy niemożliwych do osiągnięcia.

Dezorientacja, zagubienie człowieka biorą się także stąd, że ma on zakłócony sens czasu, że sens ten jest dla niego trudno uchwytny. Cała przeszłość jest niejasna, ciągle przywracana i odwoływana, uznawana lub potępiana, w rezultacie człowiek nie widzi w niej trwałego oparcia, wskazówki, zdecydowanej inspiracji. Teraźniejszość jest również pozbawiona ducha pewności i zachęty, częściej czujemy się w niej jak goście, czy nawet — ofiary, niż jak twórcy i rządcy. A przyszłość? Ta bardziej przypomina potrzask i loch niż kryształowy pałac, w którym za chwilę służba zapali światła i zacznie przygotowywać nam ucztę.

Terror niczego nie tworzy, jest jałowy. Zajmowanie się terrorem, jako tematem — jest jałowe. Mechanizm terroru to mechanizm rozwijającego się i złośliwiejącego raka. Świat straszny i monotonny, przerażający i pusty, ziemia szara, wydrążeni ludzie, skowyt, krzyki, wielkie obszary milczenia, nieustający spacer więzienny — chodzenie w koło, w kręgu otępienia i bólu.

Tak zwany człowiek z ludu (mówią też — człowiek prosty) traktuje życie takim, jakim ono jest — więc dosłownie, przyzwalająco, fatalistycznie. Jego stosunek do kaprysów historii jest taki jak do kaprysów przyrody (suszy, powodzi itp.), dla niego są to naturalne odmiany losu, stara się do nich przystosować. Stąd jego rzadkie tylko odruchy buntu. Albowiem źródłem siły buntowniczej nie są utrapienia, jakie przynosi bieda (która bardziej tłumi, niż rozpala energię protestu), ale żywa i niezależna świadomość, przekonana o swojej racji.

Nieszczęście — roślina samowysiewająca się. Jeżeli jeden człowiek jest nieszczęśliwy, czyni nieszczęśliwymi tych, którzy go otaczają, zatruwa ich, pogrąża w nieszczęściu.

Człowiek napotkawszy przeszkodę, której nie może zniszczyć — zaczyna niszczyć sam siebie. Straszliwe sprzężenie, które jest przyczyną załamań i depresji, źródłem alkoholizmu i narkomanii.

Człowiek kompromisu, elastyczny. U nas nie lubią takich. Powiedzą o nim, że dwuznaczny. U nas człowiek musi być jednoznaczny. Albo biały, albo czarny. Albo tu, albo tam. Albo z nami, albo z nimi. Wyraźnie, otwarcie, bez wahań! Nasze widzenie jest manichejskie, frontowe. Denerwujemy się, jeżeli ktoś zakłóca ten kontrastowy obraz. Wynika to z braku tradycji liberalnej, demokratycznej, bogatej w odcienie. W zamian mamy tradycję walki, sytuacji skrajnych, gestu ostatecznego.

Odwrót od sytuacji demokratycznej do totalitarnej jest zawsze cofnięciem cywilizacyjnym.

Z., którego los ciężko doświadczył, daje mi radę: „Kończ, powiada, każdy dzień mówiąc do siebie — tak dobrze jak było dzisiaj, już nigdy więcej nie będzie!"

Łatwość, z jaką można manipulować umysłem ludzkim, wynika z samej natury człowieka. Jest on bardziej odbiorcą niż poszukiwaczem, chętnie (z powodu lenistwa, bierności i braku wyobraźni) zadowoli się pierwszą z brzegu informacją lub opinią, a ta im bardziej będzie uproszczona, ubarwiona i bzdurna — tym lepiej. Bzdura ma coś z konwencji bajki (i często — kiczu), przemawia więc łatwo do wyobraźni potocznej.
Są ludzie, którzy traktując prawdę jako najwyższą wartość samą w sobie, nie zastanawiają się, czy jest ona do-

statecznie atrakcyjna, aby pozyskać tzw. człowieka z ulicy, który bardziej pragnie coś przeżyć, niż racjonalnie zgłębić. Prawda może być tak oczywista, że nie wzbudzi żadnego zainteresowania, może też być zwyczajnie nudna. Tymczasem w bzdurze (dobrze podanej) jest często jakaś fantastyczność, jakaś zwracająca uwagę, intrygująca deformacja, zaklęcie, baśń.

Część ludzi uważa, że powiększy strefę swojej prywatnej wolności, jeżeli pomniejszy strefę swojej publicznej działalności (czy po prostu: swojej obecności). Starają się więc skurczyć, zubożeć, przemienić w pyłek. Ludzie ci liczą, że wówczas władza przestanie się nimi interesować, ponieważ dla władzy istnieje tylko ten, kto jest widoczny, albo ten, komu można coś zabrać.

Chętnie idziemy śladem mistyków, ponieważ wierzymy, że wiedzą, dokąd idą. Ale oni też błądzą. Tyle że błądzą mistycznie, mrocznie, tajemniczo — i to nas wciąga.

W czasie nieszczęścia, tragedii, grozy, przyroda, jej barwy, jej przemiany, jakby znikają nam z oczu. W takich momentach cały obszar naszego postrzegania wypełnia człowiek i jego dramat. Zajęci sobą, nie dostrzegamy drzew, nie dostrzegamy nieba. Jaka była jesień roku 1348, kiedy na Europę spadła Czarna Śmierć? Co widział przez okno Johann Wolfgang von Goethe, kiedy umierał pewnego marcowego dnia roku 1832? Blade, ledwie wiosenne słońce? Deszcz padający od rana?
Im bardziej pogrążamy się w ludzkim dramacie, tym słabiej odczuwamy nasz związek z przyrodą. Tragiczni — odwracamy się od natury, która w swojej istocie nie jest tragiczna. Stąd marzenie, aby do niej powrócić, marzenie

o przejściu ze stanu napięcia w stan uspokojenia, zawsze z takim trudem osiągany.

System anachroniczny to taki, który udziela starych odpowiedzi na nowe pytania.

Zasada podstawowa: nic nie może być dobre, w każdym razie: nic nie może być dobre przez dłuższy czas. Dobre musi być zniszczone. Robić dobrze to ściągać na siebie podejrzenie, prowokować wyrok skazujący. Zniszczenie tego, co dobre, efektywne, twórcze, jest odruchem samoobronnym systemu źle funkcjonującego i mało wydajnego. Mechanizmy takiego systemu poruszają się tylko na wolnych obrotach. Wszelkie przyspieszenie zmusza je do najwyższego napięcia i wysiłku, co grozi awarią, zawałem. Dlatego instynktownie system broni się przeciw takiemu przyspieszeniu w obawie, że nadmiar energii, nadmiar woli działania i tworzenia doprowadzi go do przeciążenia i katastrofy. W tych warunkach robić coś dobrze, coś pomnażać i doskonalić, to jakby uprawiać swoistą opozycję, zagrażać istniejącemu porządkowi, demaskować jego słabość.

Stosunek między ideą a strukturą. Na początku jest idea (na początku było słowo), idea powołuje do życia strukturę (które stało się ciałem). Stosunek między nimi jest stosunkiem napięcia, konfliktu. Im bardziej struktura anektuje i wchłania ideę, tym bardziej ją formalizuje i niszczy. Im bardziej idea przenika i opanowuje strukturę, tym bardziej ją usztywnia i odrywa od życia, tym samym przygotowując jej upadek.

Warunkiem ujarzmienia jakiejś społeczności, warunkiem zasadniczym, jest zepchnięcie jej na niski poziom egzystencji. Dlatego obniżenie tego poziomu (tj. ogólna degradacja życia, spadek jego jakości, zmniejszenie wygody, a zwiększenie zagrożenia) nie jest czymś niepojętym lub absurdalnym, nie wynika z błędów lub tzw. woluntaryzmu, lecz jest następstwem polityki tych, którzy chcą umocnić swoje panowanie. Wiedzą oni, że człowiek osłabiony, człowiek wyczerpany walką z tysiącem przeciwieństw, żyjący w świecie nigdy-nie-zaspokojonych-potrzeb i nigdy-nie-spełnionych-pragnień jest łatwym obiektem manipulacji i podporządkowania. Bowiem walka o przetrwanie to przede wszystkim zajęcie szalenie czasochłonne, absorbujące, wyczerpujące. Stwórzcie ludziom takie anty-warunki, a macie zapewnioną władzę na sto lat.

Są sytuacje, w których zło działa szybko, gwałtownie, z nagłą, miażdżącą siłą. Natomiast dobro z reguły działa wolniej, potrzebuje czasu, aby się objawić i dać świadectwo. Więc dobro często się spóźnia i — przegrywa.

Nieustanne wstrząsy i napięcia, jakie przeżywa świat, są w dużym stopniu wynikiem jednoczesnego pojawienia się w drugiej połowie XX wieku trzech wielkich i nie znanych dotąd w historii fenomenów:
— konfliktu uzbrojonych ideologii o wielkiej sile zniszczenia, walczących o panowanie nad światem i wciągających w tę walkę całą ludzkość;
— narodzin ponad stu nowych państw — wyznawców filozofii rozwoju, nawet: religii rozwoju, która ma już swoją mistykę, swoje dekalogi i swoich kapłanów, ale która nie może zaspokoić oczekiwań (na domiar — stale rosnących oczekiwań), ponieważ brak jest na ziemi środków materialnych, odpowiednich warunków politycznych

i systemowych oraz wystarczającej ilości przygotowanych wytwórców;

— migracji (na nie znaną w dziejach skalę) ludności wsi do miast, wiedzionej mirażem lepszego życia, szansy znalezienia pracy i większych możliwości awansu społecznego. Zawód, jaki spotyka tych ludzi, jest źródłem ciągłych i powszechnych frustracji, napięć i rewolt.

Udział najnowszej techniki (elektroniki, komputerów itd.) w życiu świata, w tworzeniu historii, jest już na tyle wielki (i stale rosnący), że wszelkie analogie z przeszłością, wszelkie tzw. nauki płynące z przeszłości będą miały coraz bardziej ograniczoną i wątpliwą wartość. Elektronika otwiera nowy, jakościowo inny etap historii ludzkości. W tym sensie będzie ona odcinać nas, odrywać, oddzielać od przeszłości, czynić z przeszłości coraz bardziej znikający punkt.

Poczucie niepewności i zagubienia wynikające z faktu, że słowa zostały pozbawione ich naturalnych, pierwotnych znaczeń; że język przestał być oparciem, busolą, instrumentem rozpoznania i orientacji; że myli, bałamuci.

Na przykład określenie — rewolucja kulturalna. Rewolucja kulturalna powinna oznaczać postęp, rozkwit, światło w ciemnościach, a oznacza — zniszczenie, zaszczucie, triumf histerii i ciemnoty. Słowem, określenie to, zamiast aprobaty, budzi odrazę i lęk. Coraz bardziej dosłownie walka o przyszłość świata, o kształt przyszłej świadomości człowieka, rozegra się w sferze języka. Wojny językowe, wojny na słowa, są częścią całej historii ludzkości. Nasiliły się one wraz z pojawieniem się środków masowego przekazu i powstaniem społeczeństw masowych. Propaganda stała się jednym z głównych narzędzi działania każdej władzy współczesnej. Ktoś użył na określenie propagandy terminu — agresja. Jest on o tyle trafny, że istotą propagandy jest nieustanny atak i podbój (świadomości człowieka).

Zasadniczym celem systemów autorytarnych jest zatrzymanie czasu (ponieważ bieg czasu niesie zmiany).

Jeżeli spośród wielu prawd wybierzesz tylko jedną i za tą jedną będziesz ślepo podążać, zmieni się ona w fałsz, a ty staniesz się fanatykiem.

Fanatyzm wyzwala w człowieku więcej energii niż łagodność i dobroć. Dlatego fanatyk może łatwiej narzucić swoją wolę, łatwiej ustanowić swoje rządy.

W miarę jak awansował, jak wspinał się w górę, rósł w nim poziom obcości, zimna, zła. Potem, kiedy stracił fotel, był znowu dostępnym i na swój sposób znośnym człowiekiem.

Zależność między poziomem kultury a możliwością kompromisowego rozwiązywania konfliktów. Im wyższy ten poziom, tym większa możliwość kompromisu.

Środki masowego przekazu, nawet jeżeli im nie wierzymy, jeżeli uważamy, że kłamią, mają na człowieka olbrzymi wpływ, ponieważ ustalają mu listę tematów, ograniczając w ten sposób jego pole myślenia do informacji i opinii, jakie decydenci sami wybiorą i określą. Po pewnym czasie, nawet nie zdając sobie z tego sprawy, myślimy o tym, o czym decydenci chcą, abyśmy myśleli (najczęściej są to sprawy błahe, lecz celowo wyolbrzymione, albo fałszywie przedstawione problemy). Dlatego ktoś, kto mniema, że myśli niezależnie, ponieważ jest krytyczny wobec treści przekazywanych mu przez środki masowego przekazu — jest w błędzie. Myślenie niezależne to sztuka myślenia własnego, osobnego, na tematy samodzielnie wywodzone ze swoich obserwacji i doświadczeń, z pominięciem tego, co usiłują narzucić mass media.

Można wprowadzić takie rozróżnienie systemów:
— jedne, w których głównym źródłem awansu są rzeczywiste kwalifikacje;
— drugie, w których źródłem takim jest lojalność.
Pierwsze są dynamiczne, drugie — statyczne. Dynamika potrzebuje ciągłego dopływu energii i tej energii społeczeństwo dynamiczne domaga się od człowieka. W ustrojach statycznych cel jest inny — chodzi tam o utrzymanie równowagi wewnętrznej, o konserwację struktury, o niezmienność. Zamiast przedsiębiorczej, samodzielnej jednostki potrzebny jest wierny i czujny strażnik istniejącego porządku.

Dorabianie twarzy do czapki — tj. wyrazu twarzy, rysów, spojrzenia do rodzaju noszonej czapki — policjanta, marszałka. Jak z czasem czapka zacznie jej właścicielowi zmieniać twarz, jak ukształtuje ją zgodnie z wymogami czapki.

W stosunkach między człowiekiem a człowiekiem rozmiar winy można także określić stopniem odczuwania tej winy przez stronę pokrzywdzoną.

Z Warszawy
1983

„Pesymizm — notuje w swoim „Dzienniku" Jean Guitton — jest zjawiskiem wynikającym z widzenia rzeczy w małej skali, m.in. w małej skali czasu". Widać tu wpływ filozofii Teilharda de Chardin, która jest optymistyczna m.in. dlatego, że rozpatruje byt z perspektywy kosmicznej.

Problem rasizmu to problem kultury. Rasistą jest człowiek prymitywny, bezmyślny. Agresywny sekciarz. Cham. Ludziom, którzy uważają się za coś wyższego, niż są i niż na to zasługują, rasizm jest potrzebny jako mechanizm dominacji i samowyniesienia. Jako trampolina, która wyrzuci ich w górę. Ciemny poszukuje jeszcze ciemniejszego, by dowieść, że sam nie jest najciemniejszy. Szuka gorszego, ponieważ chce się pokazać lepszym. Musi kimś gardzić, gdyż to daje mu poczucie wyższości, pozwala zapomnieć, że on sam jest marnością.

W miesięczniku „Odra" (1982, nr 12) relacja Emila Górskiego o śmierci Brunona Schulza. Schulz zginął 19 listopada 1942. Zastrzelił go na ulicy gestapowiec nazwiskiem Gunter, aby w ten sposób dokuczyć swojemu antagoniście, gestapowcowi Landauowi, u którego Schulz pracował (Gunter wiedział, że Schulz robił portret Landaua i malował freski w jego mieszkaniu, więc, że Schulz jest człowiekiem sztuki, jest artystą). Otóż powiedzieć, że Schulza zabił gestapowiec, faszysta — to ograniczyć definicję Guntera w taki sposób, że umknie nam istota rzeczy.

Chodzi o to, że Gunter, nim stał się faszystą, był tępym, brutalnym chamem. Schulza zabił rozjuszony, nienawistny cham. Gdyby nie było chamstwa, nie byłoby faszyzmu, faszyzm bez chamstwa jest nie do pomyślenia. Chamstwo jest nosicielem pogardy i przemocy, podłości i woli zniszczenia.

Historia jako walka klas? Jako walka systemów? Historia to również walka między kulturą i chamstwem, między człowieczeństwem i bestialstwem.

Wzorce konsumpcji upowszechniają się łatwiej niż wzorce pracy. Owe wzorce dostatniego, sytego bytowania są dziś przekazywane do najdalszych zakątków ziemi przez telewizję, radio, prasę. Ale to, co najczęściej oglądamy na ekranach i fotografiach, należy do świata konsumpcji, a nie produkcji, widzimy efekty wydajnej pracy, nie samą pracę. Stąd tylko krok do naiwnego przekonania, że można osiągnąć wysoką konsumpcję bez wydajnej pracy i znakomitej organizacji. Ten typ myślenia (a raczej nie-myślenia) jest przyczyną wszelkich frustracji i nerwic społecznych. Trafna jest definicja rewolucji, którą przy tej okazji daje Herbert Marcuse: „Jest to bunt ludzi, którym zaszczepiono potrzeby, jakich nie mogą zaspokoić".

Marks sądził, że postępująca koncentracja kapitału będzie powodować gromadzenie się coraz większych bogactw na jednym biegunie społeczeństwa i coraz większej nędzy — na drugim. Wizja ta nie spełnia się w stosunku do społeczeństw rozwiniętych. Natomiast znalazła potwierdzenie w skali świata, w skali ludzkości, która dzieli się dziś na narody bogate, nadal pomnażające swoje bogactwo, i biedne, pogrążające się w coraz większej biedzie.

Wytykają mu, że się zmienił. Ale czy to zasługuje na potępienie? Przecież trzeba zacząć od pytania — z kogo na kogo się zmienił? Robią mu wyrzut, że dawniej brał. Mają mu za złe, że więcej brać nie chce. Stracili wspólnika — stąd ich wściekłość. Typowa moralność gangu przestępczego: wspólnota poprzez udział w nadużyciu. W momencie, kiedy przestajesz czynić zło, skazujesz się na potępienie ze strony tych, których zdemaskowałeś swoim aktem odmowy. Im dłużej przebywasz w gangu, tym bardziej będziesz odczuwać, że jesteś skazany na gang. Przyjdzie ci ochota, aby wyjść z gangu. Ale natychmiast pojawi się pytanie — czy druga strona uzna mnie za swojego? Siłą, która sprawia, że pozostajemy w gangu, jest nie tyle strach przed zemstą gangsterów, co lęk, że nie będziemy akceptowani przez tych, którzy byli poza gangiem. Ta zewnętrzna siła bardziej niż cokolwiek innego rozstrzyga o tym, że pozostajemy wewnątrz gangu.

Cynizm — jako postawa. Każdy dokonuje nadużyć w taki sposób, jakby popełniał je kto inny. Każdy zmierza najprostszą drogą do celu — niszcząc innych. Lekceważenie wszelkich wartości i zasad, pogardliwy do nich stosunek. Panuję, jestem ponad, więc mam prawo do łamania prawa.

Cechy społeczności plemiennej: znikoma mobilność, miejsce wyznaczone we wspólnocie otrzymuje się raz na zawsze; wartością, do której się dąży i którą się chroni, nie jest ruch, postęp i rozwój, lecz równowaga, stabilizacja i zasada hierarchii; silnie rozwinięte poczucie odrębności, wyraźny podział na my i oni, przekonanie, że podział ten ma charakter antagonistyczny, że więc oni to przeciwnicy, a świat zewnętrzny jest z natury nieprzyjazny, jest pułapką.

Im wyższy szczebel, na którym dokonano zbrodni, tym większe prawdopodobieństwo, że będzie ona uznana nie za zbrodnię, lecz za konieczne posunięcie polityczne.

A. zastanawiając się nad tym, jak ludzie bardzo potrafią się zmienić, dochodzi do przekonania, że człowiek może w ciągu jednego życia przejść kilka reinkarnacji. Był potworem, a stał się aniołem, był świnią, a przekształcił się w gołębia. Może nawet nie pamiętać swojego poprzedniego wcielenia, może chciałby zupełnie o nim zapomnieć. Umiera i zmartwychwstaje, pada i podnosi się, znika i żyje ponownie — tak inny, tak niepodobny do tego, którym był.

Ze „Zmartwychwstania" Tołstoja:
„Gdyby dać do rozwiązania takie zadanie psychologiczne: co zrobić, żeby ludzie żyjący w naszej epoce, chrześcijanie, humanitarni, po prostu dobrzy ludzie, zaczęli popełniać najokropniejsze łajdactwa, nie czując, że są winni? Możliwy jest tylko jeden sposób: trzeba, żeby ci ludzie zostali gubernatorami, naczelnikami więzień, oficerami, policjantami, to jest, żeby, po pierwsze, byli przekonani, że istnieje taka instytucja, zwana służbą państwową, która pozwala obchodzić się z człowiekiem jak z rzeczą, bez ludzkiego, braterskiego stosunku do niego, a po drugie, żeby organizacja tej służby państwowej była tak pomyślana, aby odpowiedzialność za skutki ich postępowania z ludźmi nie spadła osobiście na nikogo. Są to jedyne warunki, w których możliwe jest w naszych czasach dopuszczenie się takich okrucieństw jak to, które widziałem dzisiaj".

Świat nasz jest światem państw — przynależność do państwa to główny znak rozpoznawczy. Potem dopiero następuje podział na rasy, klasy i religie. Człowiek jest identyfikowany z państwem, z jego siłą lub słabością: biedny Hindus, bogaty Amerykanin itd.
To kryterium państwowe, narzucone światu przez biu-

rokracje wszelkiej maści i rangi, stwarza często absurdalne sytuacje. Pamiętam, że Kolumbia odmawiała wiz naszym misjonarzom, utrzymując, że są to komuniści (mieli polskie paszporty).

Znaleźć się bliżej natury — co to znaczy? Znaczy to — dalej od fabryk, od spalin, zatrutej wody, zatłoczonych ulic. Ale także (a czasem — przede wszystkim) znaczy to: dalej od podłości, od kłamstwa i jego rzeczników, od tych, którzy chcą cię poniżyć i zniszczyć. Jeżeli jestem sam w lesie, nie może spotkać mnie żadna podłość, nie mogę usłyszeć kłamstwa ani świstu bata.

Korupcja: dać łapówkę nie tylko po to, aby coś osiągnąć, ale również — aby odpocząć, odpocząć po nieustannej szarpaninie, ciągłym wysiłku, napięciu, jakie towarzyszą zdobywaniu wszelkich rzeczy, uprawnień, poświadczeń, ulg itd. Łapówka to przystań, w której przez moment odpoczywa się, nim przyjdzie pora, aby znowu wyruszyć na burzliwe morze codziennych utrapień. To także forma zbliżenia, zalążek jakiejś przewrotnej i podziemnej wspólnoty, którą tworzymy zawierając ów pakt przestępczy.

Postęp nie jest koniecznością dziejową, jest zaledwie możliwością (a często i niemożliwością).

Mariano Aguirre w madryckim „El Pais" (lipiec 83):
— „Można powiedzieć, że trzecia wojna światowa już się odbyła" (w Trzecim Świecie od 1945 do 1983 stoczono 140 wojen, w których zginęło 25 milionów ludzi. W wyniku tych wojen powstało też masowe, wielomilionowe wychodźstwo);

— „Biorąc pod uwagę, że 300 milionów ludzi żyje w nędzy, 500 milionów jest niedożywionych, a 1300 milionów ma dochody poniżej minimum życiowego, wyścig zbrojeń w Trzecim Świecie jest aktem przemocy, nawet jeżeli nie został wystrzelony ani jeden pocisk".

Mimo woli (bo sam o tym nie wspomina) Aguirre wskazuje na związek między wyścigiem zbrojeń a władzą totalitarną. System totalitarny jest „pożądany" w krajach o niskiej wydajności, gdyż ułatwia kierowanie maksimum środków na zbrojenia kosztem poziomu życia społeczeństwa. Zwykle mówi się: ograniczmy zbrojenia, a będzie więcej pieniędzy, aby wyżywić ludzkość. A powinno także mówić się: ograniczmy zbrojenia, a będzie więcej demokracji!

Podwajanie rzeczywistości jako mechanizm samoobrony:

działamy, a działając jednocześnie obmyślamy alibi, które chroniłoby nas przed prześladowaniem i karą. Znaleźć alibi — ileż poświęcamy temu czasu, energii, wyobraźni! Bywa, że myślenie o alibi pochłania nas bardziej niż myślenie o działaniu, tworzenie fikcji (tj. alibi) wypija z nas więcej soków, zabiera nam więcej sił niż prace istotnie podejmowane.

Działanie jest rzeczywiste, natomiast alibi jest kłamstwem. Ponieważ nieustannie, instynktownie wymyślamy coraz to nowe i nowe alibi, stopniowo kłamstwo staje się naszym sposobem myślenia. Na domiar wiedząc, że ono nas chroni, przestajemy uważać, że jest złem.

Profesor Pigoń w swoich wspomnieniach obozowych daje receptę na przeżycie w sytuacjach najcięższych: „Nie dać dostępu zwątpieniu, prostracji, zaszyć się w swym

najciaśniejszym ostępie i — trwać jak kamień w gruncie. Niechże mnie wysadzą!"
Trwać jak kamień w gruncie. Mocne, wspaniałe!

Każdej inflacji towarzyszy moralne rozluźnienie. Wynika to po części z tego, że inflacja zabija wiarę w trwałość czegokolwiek. Odbiera wiarę w przyszłość. A człowiek pozbawiony tej wiary nie ma zobowiązań — ani wobec innych, ani wobec siebie. Toteż inflacja jest nie tylko zjawiskiem ekonomicznym, ale także problemem etycznym, chorobą, która atakuje i niszczy kulturę.

Rozumienie przeszłości, jej odtwarzanie. Problem polega nie tylko na niedostatku źródeł, ale i na ubóstwie naszej wyobraźni. Wyobrazić sobie ludzi, którzy nie znają elektryczności i tysiąca rzeczy w rodzaju samolotu, telefonu, kina — przedstawić sobie ich widzenie świata, ich pojmowanie przestrzeni, czasu. Jest to trudność, której nie sposób całkowicie pokonać. Tak więc ani szansy przewidzenia przyszłości, ani sposobu cofnięcia się w przeszłość. Bo też umysł nasz jest osadzony w jednym tylko wymiarze czasu — w teraźniejszości. A i tu porusza się niepewnie i niezdarnie!

Przysłowie łacińskie: violenta non durant (gwałty nie trwają długo). Ta sama myśl u Nadieżdy Mandelsztam. Że terror nie jest zjawiskiem o jednolitym natężeniu. Jest ruchem falowym. Ma przypływy i odpływy.

Zasadnicza różnica między kolonializmem a neokolonializmem, czyli między tradycyjną a współczesną formą podporządkowania słabszych państw — silniejszym, polega na nowej koncepcji dominacji, na nowej formie zależności.

W dawnych czasach panowała teoria, że najlepszym obrońcą narodu jest państwo, że więc należy za wszelką cenę utrzymać i umacniać państwo, ponieważ jest ono jedyną formą ocalenia narodu. Jednakże w sytuacji neokolonialnej (tj. takiej, w której na terytoriach zależnych powstały państwa formalnie niepodległe, lecz w rzeczywistości rządzone przez klasy [elity] zaprzedane obcym interesom), społeczeństwo nie odczuwa państwa jako siły, która chroni naród, służy jego wartościom, rozwija jego materialne i duchowe zasoby. Raczej będzie traktować ono takie państwo jako strukturę uciskającą. Bo też coraz bardziej powszechne jest przekonanie, że rzeczywistym celem metropolii nie jest dziś zabór i likwidacja zależnego i podległego jej państwa, lecz osłabienie, deprawacja i rozbicie narodu mieszkającego w tym państwie jako groźnego depozytariusza i obrońcy niepodległości. A więc nie państwa zależne są dziś zagrożone, ale narody, które usiłuje się rozbić i zdziesiątkować właśnie przy pomocy tych poddanych metropoliom państw. Słowem, dążeniem metropolii wobec podbitych i podległych jest — wzmocnić im państwo!

Świadomość etniczna — jako rosnąca siła polityczna w świecie współczesnym. Świadomość ta jest czynnikiem, który dezintegruje szersze, ponadetniczne struktury.

Rak. Co mówią patolodzy? Mówią m.in. to, że im bardziej komórki neoplazmy są prymitywne, tym większa agresywność cechuje ich zachowanie. Związek między prymitywizmem, agresywnością i chamstwem. Chamstwo jest aktywne, zaciekłe, natarczywe; to niestrudzona siła, zło, które ciągle atakuje.

Polityka, jeżeli długo się nią zajmować, paczy, korumpuje umysł. Cechuje ją ekspansywność, żarłoczność. Chce wszystko sobie podporządkować, objąć, zagarnąć. Chce wszędzie przeniknąć. Jest destrukcyjna jak narkotyk. Sposób myślenia polityka i narkomana jest podobny: jednokierunkowość, niespokojna, obsesyjna potrzeba nieustającego zaspokajania swojej żądzy. Zwraca uwagę monotematyczność, powtarzalność, a z wiekiem − rosnący autyzm tego sposobu myślenia. Podobnie jak narkoman, który codziennie potrzebuje następnej dawki narkotyku, tak polityk musi stale wstrzykiwać sobie kolejne porcje politykowania.

Unikaj hołoty, bo źle skończysz, bo ona cię pogrąży, zniszczy. Traktuj tych ludzi jako roznosicieli zarazy, omijaj ich z daleka. W hołocie jest jakaś wola podboju, zawistna pasja unicestwienia wszystkiego. Dążeniem hołoty jest burzyć twój spokój, uniemożliwiać ci pracę, a ludzkości − uniemożliwiać postęp. Ruch hołoty to zawsze ruch wstecz, do tyłu, to ruch − w bezruch. Chce ona tylko jednego − wciągnąć cię w bagno. Tego wciągania w bagno nie będziesz w stanie powstrzymać, ponieważ jesteś zbyt słaby. Masz tylko takie wyjście − nie dopuścić do zrobienia pierwszego kroku w kierunku bagna. Ten pierwszy krok rozstrzyga. Ale ileż jest sytuacji, w których trudno zorientować się, że był to właśnie ów pierwszy i zarazem już ostateczny krok!

Celem systemu jest kontrola. Nieustająca, nieustępliwa, wszechobecna. Wszyscy wszystkich powinni mieć ciągle na oku, grzebać im w papierach, w torebkach, w lodówkach, w stodołach. Czy jest ktoś taki, kto nigdy nie był kontrolowany lub nikogo nie kontrolował? Filozofia, która animuje tego typu działania, jest skrajnie pesymistyczna, nawet — fatalistyczna. Zakłada ona, że człowiek już z definicji jest istotą złą, kierującą całą swoją energię na działania aspołeczne, złośliwe, nieetyczne. Aby go uratować, trzeba mu stale patrzeć na ręce. Przenikliwy i niestrudzony nadzór jest więc przejawem wspaniałomyślności tych, którzy mu patronują, ich nigdy nie gasnącym aktem łaski.

— Są to ludzie podli. Ale tam tylko czyniąc podłości, można się było ratować. Przestać być podłym? To jakby dobrowolnie położyć głowę pod topór.

— Wszyscy tutaj dyskutują o polityce. Ale czy rzeczywiście dyskutują? Czy jest to dyskusja, rzeczowy spór? Powiem, że nie. Jest to składanie deklaracji, wygłaszanie stanowczych opinii. Każdy mówi swoje, z przejęciem i furią, po czym wszyscy rozchodzą się zaperzeni, rozdygotani, wściekli.

Artykuł Stefana Czarnowskiego pt. „O potrzebie życia duchowego", wydrukowany w „Tygodniku Polskim" w 1912:
— walka o przyszłość narodu rozgrywa się nie w gospodarce, ale na polu kultury. Wiedzą o tym nasi sąsiedzi, pisze Czarnowski, i dlatego „zarówno w dzielnicach podległych berłu Hohenzollernów, jak pod panowaniem rosyjskim rozwój nasz duchowy krępowany jest stanowczo i konsekwentnie".

— „Zasada naszych wieszczów — pisze — pomnażania przede wszystkim potęgi duchowej narodu nie była li tylko mistyczno-romantycznym urojeniem. Wypływała ona z genialnego ujęcia istoty zjawisk społecznych w ogóle, a warunków życiowych narodu polskiego w szczególności".

— Czarnowski wymienia Finlandię („Kraik ubogi, w ludzi niezasobny") jako przykład narodu, który zachował niezależność dzięki temu, że „w ciągu stu lat obywatele tego kraiku wytrwale pracowali nad wzmożeniem własnej kultury".

Scenariusz:
zamach stanu. Rzecz dzieje się nad ranem, w mieście, które jeszcze śpi. Czołg (tylko jeden, bo to kraj mały, armia mała i źle uzbrojona) oraz dwie ciężarówki z żołnierzami zatrzymują się przed stacją telewizji. Zaspany wartownik w budce przy bramie. Ciemno. Gmach główny pusty, nie ma w nim nikogo. Stopniowo zaczynają przywozić zaskoczonych i wylękłych techników, inżynierów, operatorów kamer, światła i dźwięku. Budynek ożywia się, robi się ruch na korytarzach, w studio. O świcie spiker odczytuje pierwsze komunikaty i rozporządzenia nowej władzy.

W tym samym czasie — pałac prezydenta. Nikt się nim teraz nie interesuje. Gońcy krążą po mieście, informują ministrów, że prezydent oczekuje ich u siebie. Część ministrów przybywa, inni nie pokażą się. W pałacu zdenerwowanie, panika, apokalipsa. W pośpiechu uchwalają apel do narodu, w którym przypominają, że są jedyną władzą legalną. Ale apel pozostaje skrawkiem papieru nikomu nie znanym — telewizja, radio i redakcja, jedynej w tym kraju gazety, są w rękach zamachowców. Prezydent i jego otoczenie znaleźli się poza nawiasem wydarzeń, przestali istnieć. Zamachowcy zrobili swój sztab w gmachu telewizji, stamtąd, ze studia, wydają dekrety i rozkazy.

Novum tego zamachu: obiektem ataku nie jest pałac, ale gmach telewizji. To najlepiej dowodzi, gdzie przesunął się rząd dusz, to podkreśla, że kto ma telewizję, ten rządzi krajem. Światło i dźwięk, obraz i ruch, magia tych elementów razem połączonych — oto królestwo, w którym człowiek żyje dziś bardziej zniewolony niż chłop w feudalizmie.

Potęga wielkich liczb. Przewaga tego prawa nad wszelkim innym. Trudność pokonania tego, co jest wielką liczbą, nie kończącą się, nieobjętą masą. Stu zginęło — a idą następni, tysiąc padło — a nowi nadciągają, milion poległo — a dziesięć dalszych milionów już się zbliża.

Północ — Południe: pomoc dla krajów Trzeciego Świata ma charakter przede wszystkim ekonomiczny. W eksplozji demograficznej dostrzega się to, co jest związane z biologią, a mianowicie — jak wyżywić tę stale rosnącą masę ludzi? A przecież chodzi też o to, jak nauczyć ją myśleć. Rzadko mówi się na ten temat. Tymczasem to, co można by nazwać biologicznymi zasobami ludzkości, ciągle powiększa się, natomiast jej zasoby myślowe wzrastają znacznie wolniej.

Pisarz węgierski Istvan Nemere mówił mi, że w swojej książce (z gatunku science fiction) przewiduje, iż w przyszłości ciało człowieka, jego mięśnie i kończyny będą kurczyć się i zanikać, a pozostanie tylko mózg. Świat będzie zamieszkany przez mózgi. Powstanie cywilizacja, w której inteligencja zastąpi wszystko, zastąpi np. odczuwanie. Ale słuchając go myślałem, że jeśli o dziś chodzi, ewolucja człowieka zmierza w odwrotnym kierunku. Fizycznie — jest on coraz wyższy i waży coraz więcej, natomiast nie wiem, czy jego mózg i jego zdolność myślenia zwiększają się równie szybko.

Z Nowego Jorku
1983

Praga, lotnisko. Padał deszcz, gwałtowny jak w tropiku, potem nagle ustał. Zrobiło się cicho. Nie startował i nie lądował żaden samolot. Przez szklaną ścianę widziałem las, na jego tle umocowane na latarniach duże, czerwone gwiazdy.

Więcej tu świata niż na warszawskim lotnisku: wycieczka emerytów z Anglii, grupa młodych ludzi z Nigerii, kilku jakby odbitych na powielaczu Japończyków, śpiący pokotem na podłodze Hindusi.

Zdolność Hindusów do spania na wszystkim, co twarde: na deskach, na chodnikach, na gwoździach. Widziałem miliony Hindusów śpiących wprost na jezdniach Delhi, Bombaju, Kalkuty. Kiedy nad ranem stygnął asfalt, dzieci budziły się i płakały z zimna. Biedny Hindus, którego obserwowałem z okna mojego pokoju w Bangalore. Mieszkał, żył, istniał (nie wiem, jak to powiedzieć, jak określić) na chodniku, w jednym miejscu, którego (miałem wrażenie) nigdy nie opuszczał. Rano budził się, siadał, podkurczał nogi i w tej pozycji tkwił nieruchomo przez cały dzień. Wieczorem, jak kwiat nagle zwiędły, wiotczał, osuwał się i (ciągle w tym samym miejscu) zasypiał. Nigdy nie widziałem, aby w ciągu dnia poruszył ręką albo nogą, żeby jadł, rozmawiał z kimś, oddawał mocz czy zwrócił na kogokolwiek uwagę. Sposób bycia tego nędzarza pozostaje dla mnie jedną z tajemnic ludzkiej egzystencji. Czym żywił się? Dlaczego żył? Prawdopodobnie nie mogąc zdobyć pożywienia, obrał jedyną w takiej sytuacji strategię przetrwania: zapaść w bezruch, nie używać żadnego mięśnia i w ten sposób oszczędzać każdą iskierkę energii.

Na ekranie telewizora grała czeska orkiestra wojskowa, którą zapowiadał spiker ubrany w czarny smoking. Chciałem coś kupić w sklepie, ale sklep był zamknięty.

Start z Pragi do lotu przez Atlantyk. IŁ-62, pełny. Z lewej strony mam dziadka (który zaraz zasypia), z prawej — babcię (która też natychmiast zasypia).

W miarę jak płyną lata:
życie (to życie myślane, rozważane) staje się coraz bardziej podróżą w głąb naszej własnej przeszłości, w głąb siebie. Czuje się to. Ci nowi, którzy przybywają na świat, coraz mniej nas obchodzą. Nie przybywają już dla nas, nie będą dla nas.

Pisać o tłumie jest łatwiej niż o pojedynczym człowieku. Masa upraszcza, masa jest uproszczeniem (człowiek w masie jest uproszczony).

W Nowym Jorku nad ranem:
szum miasta, który momentami cichnie i wtedy słychać śpiew ptaka. Jakiś samotny ptak, który na kilka sekund — w tej orgii hałasu — dostał prawo głosu.

Ilekroć chodzę po Manhattanie, zawsze wydaje mi się, że jestem na pokładzie wielkiego okrętu. Mam wrażenie, że wszystko wokół mnie ciągle się kołysze. Te wieżowce są jak gigantyczne maszty, nad którymi przelatują stada chmur. Czuje się morze. Ono gdzieś tu jest, pode mną.

Rozmowa z K. na temat tutejszej szkoły. Już od pierwszej klasy zaczynają selekcję. Wybierają najlepszych, tylko oni liczą się, tylko im będą poświęcać uwagę. Reszta jest pozostawiona sobie, mogą uczyć się albo nie — ich sprawa. Ale właśnie ta reszta mnie zaciekawiła, reszta, która odmawia udziału w nieustającym konkursie, jakim jest tutejsze życie. Oni — tłumaczy K. — chcą być po prostu takimi sobie, chcą zająć tylko tyle miejsca, ile uważają za wystarczające.

W „New York Times Book Review" recenzja Alfreda Kazina z książki Miłosza „Świadectwo poezji". Kazin podkreśla głęboką różnicę między doświadczeniem człowieka Wschodu i Zachodu, głęboką różnicę między obu cywilizacjami: „Zachodnią — zaniepokojoną, i Wschodnią — udręczoną".

Wizyta u Alvina Tofflera. Stoi w drzwiach na końcu długiego korytarza. Powitanie bardzo serdeczne. Pokazuje mi swój nowy komputer, potem pokazuje mi, co i gdzie nacisnąć. Kto jest w Ameryce, musi nauczyć się pisać na komputerze (tylko Susan Sontag programowo pisze nadal zwyczajnym, szkolnym ołówkiem). Idziemy we trójkę (bo jest jeszcze żona Alvina — Heidi) na kolację, następnie odwożą mnie do domu na Forest Hills. Toffler — nowojorczyk — ciągle w Nowym Jorku błądzi. Pyta jakiegoś kierowcę taksówki o drogę do Forest Hills. Panie, odpowiada kierowca, sam nie wiem, gdzie jestem!

W samochodzie Toffler mówi o swoich najbliższych planach. Ma dużo spotkań, jeździ po całym świecie, wygłasza odczyty. Wszędzie go zapraszają, jest głośnym, modnym nazwiskiem.

Mówi, jak w historii zmieniło się pojęcie własności. Dawniej była nią przede wszystkim ziemia, potem — fabryka, a dzisiaj najcenniejszą własnością staje się myśl.

Metro:
   pospieszne mijanie się ludzi. Twarze zamknięte, nieczytelne. Obojętne przepływanie obok siebie milionów ludzkich losów, myśli, uczuć — niewidoczna, a najważniejsza materia świata.

Deszcz i potworna, ogłuszająca wichura. Parasol porywa mnie do góry. Lecę nad Manhattanem.

W biurze paszportowym, które mieści się na końcu Broadwayu, w pobliżu Wall Street. Na parterze — kolejka. Posyłają mnie na ósme piętro, to krążenie od okienka do okienka. W końcu posyłają mnie na trzecie piętro — znowu krążenie od okienka do okienka. Wszędzie — kolejki. (Nasza obsesja wobec kolejek. Nasz podświadomy podział świata na kraje, w których są i w których nie ma kolejek).

Po południu z Carol wysoko, wysoko w restauracji nad East River. Słońce. Rzeką ciągną barki. Powierzchnia wody, ponieważ ustaje wiatr, zaczyna nieruchomieć, tężeje, robi się ciemna, przypomina zastygłą lawę.

TV:
   uśmiech jako zajęcie, jako praca, jako zawód.

W metrze (linia E) jakaś pijana kobieta zachęca wszystkich, aby pojechali z nią na plażę.
   — Let's go to the beach! — woła rozbawiona.
   Przede wszystkim domaga się, aby pojechali z nią Chińczycy.

— I love Chinese! — wykrzykuje, a ludzie w wagonie pokładają się ze śmiechu.
Wysiada przy 71 Ave. i lekko chwiejąc się wymachuje nam ręką na pożegnanie.

Obiad z Helen Wolf w greckiej restauracji „Xenia" na 2 Ave. Helen wspomina swoją przyjaciółkę — Hannę Arendt. Była taka kobieca, taka ciepła — mówi Helen.
— Kiedyś spytano ją, jak pani czuje się jako kobieta? Ach — odparła Hanna — jestem do tego przyzwyczajona! Pytam ją, czy nie myśli wydać dzieł zebranych Hanny Arendt. Nie — odpowiada strapiona — tutaj nikt tego nie kupi.

Od rana do nocy w kawiarniach, w barach, w klubach, w restauracjach — jedzą. Tematy rozmów: gdzie będziemy jedli, co będziemy jedli, co wybraliśmy z karty, co podali, jakie to było. Długo o tym wszystkim. Kończą wnioskiem — za dużo jemy. Część postanawia biegać. Inni studiują czasopisma poświęcone odchudzaniu. Są sympatyczni w tym swoim zatroskaniu o linię i sprawność.

Ich stosunek do Polski (zresztą do innych krajów też): życzliwie-obojętny:
— Ach, tak?
— Czyżby?
— Niesłychane!
— No, no.

W Waszyngtonie, w domu Tadeusza Schultza. Siedzimy na tarasie w cieniu wielkich, starych drzew. Tad mówi o zjawisku, które określa trwałą marginalizacją bezrobotnych. Automatyzacja, elektronizacja i ogólnie high-technology revolution sprawiają, że kto utracił pracę na rok, dwa, wróci już do zupełnie innej, unowocześnionej fabryki, w której nie potrafi pracować. Słowem, kto raz został bezrobotnym, grozi mu, że zostanie bezrobotnym na całe życie.

Załamuje się system oświaty — mówi Tad. Ludzie nie chcą płacić podatków na oświatę, poziom nauczania obniżył się do tego stopnia, że wkrótce będą miliony komputerów, którymi nikt nie potrafi się posługiwać.

Bukowski:
Zachód — to wymiana poglądów;
Wschód — to narzucanie poglądów.

Ludność Ameryki (1.7.1982):
232 miliony, w tym:
         119 milionów kobiet
         113 milionów mężczyzn
32 tysiące ludzi ma ponad 100 lat.
2,4 miliona ludzi ma ponad 85 lat.
Jest 27,7 miliona Murzynów.

Waszyngton, róg N Street i Connecticut Ave. Na szczycie narożnego budynku znajduje się tablica z napisem WORLD POPULATION. Pod napisem pędzi elektroniczny strumień zmieniających się nieustannie cyfr.
Jest 2 czerwca 1983. Godz. 8.41 rano.

4 556 157
EVERY MINUTE ANOTHER 172 PERSONS

Kto umieścił tu tę tablicę? Ktoś, kto chciał powiedzieć — Najdrożsi, przerwijcie choćby na chwilę! Dajcie odetchnąć!

Teraz, latem, tablicę zasłania wielki, zielony kasztan. Pod kasztanem stragan z owocami — pomarańcze, ananasy, jabłka, truskawki.

Palo Alto, Kalifornia:
Z Zojką i Mariuszem w kinie. Budynek stary, gzymsy gipsowe pozłacane, tandetny wariant secesji hiszpańsko-meksykańskiej (dużo tego w Kalifornii). Kino — to jednocześnie: kawiarnia, bar, restauracja. W patio ktoś daje koncert na gitarze. Film nazywa się HARD ROCK LIFE SHOW.
Widowisko (ale nie na ekranie, tylko na widowni!) niezwykłe. Bo widownia składa się z nastolatków. Sądząc po ich zachowaniu, muszą znać ten film na pamięć i przychodzą do kina, żeby wziąć udział w tym, co dzieje się na ekranie, przychodzą, żeby współuczestniczyć. Więc:
— ciskają w ekran garściami ryżu, kiedy pojawia się na nim młoda para;
— zapalają zapalniczki, kiedy bohater filmu błądzi w ciemnych lochach zamku;
— rozrzucają po podłodze jedzenie, kiedy na ekranie pokazana jest uczta;
— schodzą tłumnie z widowni na scenę przed ekranem, żeby odtańczyć rocki grane i tańczone na ekranie.
Wychodzą z kina rozbawieni, rozgorączkowani, jakby opuszczali dyskotekę.

Wielka popularność wszelkich biografii (duży, osobny dział książek biograficznych w każdej księgarni). Jest w tym jakiś odruch samoobrony człowieka przed postępującą anonimowością świata. W ludziach nadal istnieje potrzeba obcowania (choćby poprzez lekturę) z kimś konkretnym, jedynym, kto ma imię, twarz, nawyki, pragnienia. Wziętość biografii bierze się też stąd, że ludzie chcieliby zobaczyć, jak ten wielki doszedł do wielkości, chcieliby podpatrzyć styl.

Z Warszawy
1984

Człowiek może sam dla siebie stać się takim kłopotem, że już nie wystarczy mu czasu na zajmowanie się czymś więcej.

L.:

od pewnego czasu celowo mówię o sobie — „my", świadomie używam liczby mnogiej. Robię to, ponieważ chcę wyłonić z siebie dodatkową istotę, lepszą niż moja obecna, ta, którą jestem. Nie wierzę w to, żebym mógł się poprawić, zmienić się cały, zdecydowanie i zupełnie. Natomiast chcę spróbować czegoś znacznie mniej ambitnego, ale przez to może bardziej realnego, a mianowicie — uformować z siebie i w sobie własne alter ego, drugie ja, które sprawowałoby pieczę nad ja pierwszym, ja wyjściowym, nie chcącym czy nie umiejącym zmienić się na lepsze.

Jakie ogromne są w nas obszary, które pozostawiamy, może na zawsze, nie zbadane.

W 1981 roku „Washington Post" wydrukował reportaż młodej dziennikarki Janet Cook pt. „Jimmy's World" o ośmioletnim murzyńskim dziecku — narkomanie. Cook dostała za ten reportaż nagrodę Pulitzera, ale w momencie przyznania jej nagrody okazało się, że reportaż jest mistyfikacją. Nagrodę cofnięto.
Podoba mi się to, co z tej okazji powiedział Marquez:
— Nie daliście jej w dziennikarstwie? Trzeba było dać w literaturze!

Literatury Wschodu i Zachodu coraz bardziej oddalają się od siebie, coraz bardziej są różne.

Zachód: tematem literatury jest człowiek wewnętrzny, to, co się w nim dzieje, jego prywatne rozterki i burze, a także jego stosunki z innym człowiekiem.

Wschód: człowiek jest tu często oceniany z punktu widzenia jego relacji do systemu. To człowiek zewnętrzny, zwierzę społeczne, ważna jest jego postawa, jego zachowanie.

Jeżeli na Zachodzie mówi się – „To porządny człowiek", rozumie się, że jest on porządny np. w stosunku do swojej żony czy przyjaciela. Na Wschodzie oznacza to co innego, mianowicie, że nie jest on politycznie dwulicowy, że nie pisze donosów, nie podlizuje się władzy.

Poniżej pewnego poziomu egzystencji polityka traci znaczenie, traci sens. Etiopia jesienią ogłasza się państwem socjalistycznym. Jednocześnie ośmiu milionom ludzi grozi śmierć głodowa. Ale zawsze umierali tam z głodu. W stosunku do społeczeństw tradycyjnych współczesna polityka jest czymś bardzo zewnętrznym, powierzchownym.

Głos Ameryki podał, że w Stanach wynaleziono szczepionkę przeciw malarii. Na świecie przybędzie nowych zasobów energii, które dotąd pochłaniała malaria.
Energii komu potrzebnej?

Jest patriotyzm wartości.
Jest patriotyzm pieniądza.
Jest patriotyzm ziemi.

Cecha ludu: nabożny stosunek do słowa. Słowo jest Słowem Bożym. Słowo przyjmuje się dosłownie. Z powagą, z namaszczeniem.

Jeżeli ktoś jest grafomanem, jego grafomania (tj. brak smaku i umiaru) przejawia się nie tylko w pisaniu, ale we wszystkim, w całym zachowaniu, całym sposobie bycia tego człowieka.

O głupocie: głupota jako rodzaj zamroczenia, odurzenia, mózgowej zaćmy. Stan na pograniczu choroby psychicznej: słuchając durnia mamy wrażenie, że słyszymy człowieka, który jest obłąkany.

Jest to czas zdominowany przez politykę, zatruty polityką. Każda rozmowa, wcześniej czy później, zejdzie na politykę. Na tym firmamencie postać polityczna jest gwiazdą najsilniej świecącą. Wszechwładztwo polityki jest tak zupełne, że nawet twierdzenie, „nie znam się na polityce" albo „polityka mnie nie interesuje", jest właśnie postawą na wskroś polityczną, ponieważ jest wyrazem oportunizmu (a oportunizm to kategoria polityczna). Istotą polityki jest bowiem to, że ciągle wytrąca ona z neutralności, z obojętności, ciągle spędza z pola niczyjego i zmusza, abyś zajmował stanowisko, opowiadał się, był na froncie itd.

Czas dyktatury to wieczna teraźniejszość, ciągłe odtwarzanie tych samych zachowań.

Ważna rzecz dla polityka: mapa. Każdy prezydent ma w swoim gabinecie mapę. Widziałem to wiele razy. Mapy te mają wspólną cechę — wszystkie są ogromne, wypełniają całą ścianę. Jest zrozumiałe, że każdy prezydent patrząc na taką mapę, zaczyna w końcu myśleć, że stoi na czele wielkiego państwa. Widzi, jak imponujące są jego rozmiary, jak nieskończenie wiele w nim miast, wsi, gór i rzek, dróg i lasów. I z pozycji takiego mocarstwa zaczyna przemawiać do innych, do świata. Ludzie dziwią się — dlaczego ma tak donośny głos, skąd w nim tyle pychy? Ale gdyby spojrzeli na mapę w jego gabinecie, zrozumieliby od razu.

Każdy system posiada własną racjonalność, ona nim kieruje. Nie można mierzyć racjonalności jednego systemu racjonalnością systemu innego. To absurd. Dlatego należy przede wszystkim ustalić, c o jest racjonalnością danego systemu.
Każdy system jest wydajny w ramach własnej racjonalności. Gdyby tak nie było — nie mógłby istnieć.
Przyjmując racjonalność jako kryterium, systemy można podzielić na trzy typy:
1 — głównym celem jest zachowanie równowagi,
2 — głównym celem jest maksymalizacja dóbr,
3 — głównym celem jest maksymalizacja władzy.
Kilka cech systemu maksymalizacji władzy:
a — energia mas wyładowuje się w walce o zapewnienie elementarnego poziomu życia,
b — każdy człowiek jest potencjalnym przestępcą i zawsze może być oskarżony i skazany,
c — rządzi zasada negatywnej selekcji (kryterium lojalności, a nie kwalifikacji),
d — działa prawo partycypacji, tj. częściowego interesu w utrzymaniu status quo,
e — nie ma żadnych stałych reguł gry, poza regułą maksymalizacji władzy,
f — wymagana jest strategia nieustającej ofensywy,
g — w języku obowiązuje reguła odwróconych znaków,
h — tendencja do inercji — ciągły wysiłek, aby powracać do stanu bezwładności.

Władza stwarza tu taką sytuację, że wszystko, co jest ci należne w sposób prawny, naturalny, odbierasz jako przywilej, uważasz, że zostałeś wyróżniony, dziękujesz, cieszysz się, opowiadasz innym i zamiast czuć się poniżonym (bo po drodze trzeba było żebrać, dawać łapówki, tolerować chamstwo) — czujesz się wywyższonym!

Przywileje można mierzyć wartością sytuacyjną, niekoniecznie ściśle materialną. Na przykład domek przeciętnego Amerykanina może — przeniesiony choćby do Gujany — stać się pałacem prezydenta republiki.

Do ważnych, a często materialnie niewymiernych przywielejów w krajach totalitarnych należy poczucie bezpieczeństwa wynikające z partycypacji w elicie władzy. Być ponad prawem. Mieć tzw. mocną legitymację. Uwalnia ona od codziennych udręk, jakich doświadcza człowiek nie uzbrojony w taki dokument.

Etyka w erze elektroniki. Nowy wymiar kłamstwa: list prywatny, jeżeli zawiera kłamstwa, może oszukać jedną względnie — kilka osób. Fałszywy przekaz TV może oszukać miliard ludzi.

Chodzi o stworzenie społeczeństwa bez pamięci. Kłamstwo staje się wówczas bezkarne: nie ma znaczenia, co mówiło się, co obiecywało jeszcze wczoraj. Brak pamięci daje kłamstwu wolne pole działania.

Zwrócił moją uwagę pewien typ młodego mężczyzny — często go ostatnio spotykam. Wiek — 25—35 lat. Wygląd dosyć niedbały, koszula kolorowa, rozpięta, niezbyt czysta. Wszystko w tym człowieku jest mało eleganckie —

jego ubiór, jego sposób poruszania się i wysławiania, to, jak zwraca się do innych. Mimo młodego wieku już początki otyłości, już zarys brzucha.
Cechuje go niechęć do nawiązywania kontaktów, wychodzenia poza najbliższy krąg znajomych, rodziny. W tym wszystkim najbardziej zwracają uwagę twarze, ich główną cechą jest brak wyrazu, nijakość. Są one zawieszone gdzieś w pustce, gdzieś pomiędzy jakimiś dwiema niewiadomymi. Niczego nie komunikują.
Czy za tą twarzą bez charakteru kryje się człowiek bez charakteru — gotowy na wszystko? Jest coś w tych twarzach niedookreślonego, niedopisanego, niedopowiedzianego, czego się boję. Jest w nich jakaś strukturalna, wewnętrzna obojętność, wyłączenie się, nieprzychylna obcość. To twarze ludzi, do których nie dociera coś ważnego, coś istotnego.

Jeden cham zburzy przyjemną zabawę, natomiast jeden kulturalny człowiek to zbyt mało, aby podnieść poziom zabawy chamów.

Jakość przeciwnika, jego poziom, mogą cię wywyższyć albo zepchnąć na dno. Z kim się wadzisz — to określa również ciebie, wyznacza ci szczebel.

Ludzie kultury, twórcy — mogą porozumieć się na całym świecie. Tworzą instynktowną wspólnotę, są do siebie podobni. Są jakby zakonem uniwersalnym, oddanym tej samej, najwyższej istocie — sztuce.

20.10.
Z Hanią Krall w Hortexie na MDM-ie. Wspominając naszych niedawno zmarłych, Hania pokazuje na wnętrze kawiarni, w której siedzimy, i pyta:
— I wierzysz, że ich duchy tak tutaj krążą?
— Nie, nie wierzę — odpowiadam — ponieważ dla mnie oni nie umarli. Mogę spotykać się z nimi i rozmawiać. Rzadko, ale mogę. Zresztą zawsze spotykałem się z nimi rzadko. Nic się nie zmieniło. Czy istnieje śmierć? Nie wiem. To, co na pewno istnieje, to lęk przed śmiercią, obawa śmierci. Ale poza tym, nie wiemy nic. Człowiek może istnieć nieskończenie długo, jeśli tylko został zauważony i jest uznawany przez innych. Wielu ludzi znika, ponieważ przestano ich dostrzegać i nikt nie uznaje, że są.

31.10.
Zbliża się 19.30. W mieszkaniu Janka S. siadamy przed telewizorem, bo — a nuż — powiedzą coś o zabójcach księdza Popiełuszki. Ale na ekranie ukazuje się twarz Indiry Gandhi, a lektor czyta wiadomość, że zginęła od kul zamachowców.
Jaga:
— Obłęd na całym świecie!
Potem poszliśmy z Jankiem do kościoła św. Stanisława Kostki. Był ciemny, chłodny wieczór, na drzwiach zaczynała osiadać mgła. Wokół kościoła, na chodnikach, na trawnikach, na ogradzającym dziedziniec murze płonęły setki świec, zniczów, lampek.
— Popatrz — powiedział Janek zatrzymując się na chwilę i pokazując mi kościół (w tym momencie kościół wyglądał jak płonący w ciemnościach grobowiec, wokół którego poruszały się nieskończone tłumy cieni) — tak będzie wyglądać nasza przyszłość.

W. zwraca mi uwagę, że w strukturach mafijnych decyzje zapadają w sytuacjach niejasnych i nie są wyraźnie formułowane. W ten sposób nie można nikogo z ważnych schwytać za rękę. Tu podwładny sam odgaduje myśli przełożonego, myśli nigdy wprost nie wypowiedziane. Morderstwo rodzi się bardziej z klimatu niż z pisemnego wyroku.

7.11.
Wystawa rysunków Kulisiewicza w Kordegardzie. Wielki Kulis żegna się z nami cyklem „Krajobrazy spalone" (1979—81). Jeżeli taki obraz zabiera ze sobą pod powieką... Smutne to. Na rysunkach tylko czerń i biel, ale z przytłaczającą przewagą czerni. Słońce — jeśli w ogóle pojawia się — jest naciemnione, jest martwe. Wszystko tu skamieniałe, zastygłe, nieruchome. Żadnego światła, żadnego dźwięku. Potwory, dinozaury, glątwy, ET. Zastygłe fale. Skorupy wyrzucone na brzeg. Wszystko tu groźne, zimne, obce. Obojętność i milczenie świata są w tych rysunkach najbardziej przejmujące. Kulisiewicz pokazuje nam krajobrazy, z których nie ma wyjścia, w których musimy zabłądzić i w których na koniec zginiemy. Ja już tam jestem — zdaje się mówić 85-letni artysta — a to, co oglądacie, to mój reportaż nadesłany z tamtego świata.

Starzy znajomi opuszczają mnie w dwojaki sposób: jedni — odchodząc na cmentarz, na zawsze. Inni natomiast pozostają żywi, ale tracę z nimi kontakt myślowy. Są tacy, jakby nie przybywało nam wszystkim lat, doświadczeń, przemyśleń. Mówią językiem sprzed 20—30 lat i myślą w ten sam znieruchomiały sposób. Aż nie wiem, co im odpowiedzieć, jak mówić. Świadomość tych ludzi przypomina mi obiektyw fotograficzny, w którym raz tylko otworzyła się przesłona. Błona zanotowała pewien obraz świata, przesłona zatrzasnęła się na zawsze i tak już zostało.

Dwa wybitne polskie talenty filozoficzne okresu międzywojennego: Karol L. Koniński i Bolesław Miciński. Zmarli młodo (obaj w 1943), a więc o rok wcześniej niż dwaj nasi wielcy poeci tego okresu — też ofiary ostatniej wojny — Krzysztof K. Baczyński i Tadeusz Gajcy. Jak różna jest dziś pamięć o tych ludziach! Nazwiska Baczyńskiego i Gajcego są powszechnie znane, ich wierszy młodzież uczy się na pamięć. A kto, poza wąskim gronem filozofów, słyszał o Konińskim lub Micińskim? Kto wznowi ich książki i kiedy?
Poezja, nie filozofia jest naszą muzą narodową. Nastrój, emocje, są nam bliższe niż krytyka i refleksja. Przeżycia stawiamy wyżej niż przemyślenia. Parafrazując Mickiewicza: ,,Czucie i wiara silniej mówią do nas niż mędrca szkiełko i oko". I to już tak jest, to się nie zmienia.

Im wyższy postawisz sobie cel, tym bardziej będziesz samotny.

Piekło jest rajem masochistów. W prawdziwym raju masochista przeżywałby nieludzkie męki.

Rok 1886: do czego przyczepić taki rok? Rok bez wyrazu, zawieszony, bez związku z żadnym przełomem, z żadną pamiętną datą. Daleko już odszedł od wielkiego roku 1848, a daleko mu jeszcze do wielkiego roku 1914.

Z Kolonii
1984

Kolońska katedra: przejmująca. Ogrom kamienia uwięzionego, zamęczonego, wbitego w monstrualny gorset form, linii, kolumn. Stalagmit oszałamiający stężoną siłą i wielkością. Spiętrzona dżungla gzymsów, łuków, zwieńczeń. Masa, która poraża, miażdży, rzuca na kolana.

Wewnątrz — zupełnie pusto:
mroczna, chłodna pustynia.
Prawie nikt tu nie przychodzi. Czasem wejdzie grupka turystów, żeby rzucić okiem na ołtarz, na rzeźby, na witraże. Siwy zakrystian przechadza się z puszką od kolumny do kolumny, tam i z powrotem krokiem miarowym, twardym — jak wartownik. Potrząsa puszką — puszka lekka, pusta, nie wydaje dźwięku.

Na placu przed katedrą:
cztery osoby zwrócone plecami do siebie, nieruchome, trzymają się za ręce. Wyglądają jak pomnik, pomnik — happening, bryła na moment zatrzymana w ruchu. Na piersiach mają zawieszone hasła. Przeciw czemuś protestują, o coś walczą. Wśród ludzi, którzy tu luźno i bez wyraźnego celu wałęsają się po placu, zwarci, sprężeni, mocni, od razu rzucają się w oczy:
to zrozumiałe: ten, który walczy, jest napięty, napięcie wyodrębnia go spośród innych. Jego spojrzenie jest skupione, skierowane w jeden punkt. Nasza reakcja — obojętna, nijaka czy nawet ironiczna — zupełnie go nie obchodzi. Jeżeli stoimy z boku, jeżeli nie przyłączamy się, to znaczy, że jeszcze nie dojrzeliśmy, że ciągle jesteśmy poniżej, że przed nami długa droga, którą on przebył już wcześniej. I że na pewno będzie to ta sama droga. Ta sama, w tym samym kierunku.
Wierzą w to, inaczej by tu nie stali.

O sto metrów dalej zaczyna się szaleństwo, kolorowy obrządek, wielkie misterium!

To Hohestrasse — główna handlowa ulica miasta.

Porzucamy mroczną mistykę katedry i bezwzględny protest bojowników, porzucamy modlitwę i walkę, zanurzamy się w tłumie. Bo przez Hohestrasse ciągnie tłum, niezliczony, nieskończony, mrówczy. Ciągnie procesja — rzeka. Ludzie idą stłoczeni, ożywieni, przejęci. Czuje się, że łączy ich to samo oczekiwanie, ta sama potrzeba.

Ta procesja nigdy nie dotrze do katedry, choć katedra jest tuż, obok. Jest to bowiem procesja ku czci innych bogów, których rozległy i bogaty panteon błyszczy neonami, reflektorami, lustrami, mosiądzem i niklem. Wzdłuż całej ulicy ciągną się ich świątynie:

C&A KAUFHALLE HANSEN BOECKER PARISCOP MALKOWSKY FOTOQUELLE DUGENA LANGHAROT GETTNER

W przeciwieństwie do wyludnionej katedry, w tych bazylikach — tłok, gorączka, jakieś wewnętrzne pobudzenie ludzi, ich zupełne pochłonięcie, pogrążenie w obrządku zakupów:

religia świata konsumpcji, jego siła napędowa i liturgia, jego ciągle ponawiany akt strzelisty.

Dopiero tutaj można odpowiedzieć, co skłania ludzi do wydajnej pracy, do wysiłku, do udziału w wyścigu, żeby zrobić więcej, lepiej, sprawniej:

widok towaru.

Nie obietnica towaru, ale właśnie jego widok, jego materialna, namacalna obecność, jego kształt i kolor, jego obfitość, erupcja, lawina;

to, że jest w zasięgu ręki, że jest go tyle, że cię opętał, że już poddałeś się temu niezmiennemu rytmowi tygodnia — pięć dni ciężkiej, pilnej pracy, aby szóstego dnia rano, w sobotę, wziąć udział w misterium zakupów.

Zakupy jako forma życia towarzyskiego, jako rodzaj rozrywki i odprężenia. Jako gra.

Ludzie umawiają się: pójdziemy razem na zakupy — jest w tym coś z klimatu wschodniego rynku, coś z perskiego bazaru czy arabskiego suku, a więc z miejsc, które są jednocześnie królestwem towaru i królestwem kultury: zdobycie towaru nie jest tu celem samym w sobie i nie odbywa się w walce, w atmosferze konfliktu i agresji, ale przeciwnie — chodzi tu o kontakt, o zbliżenie, o wspólnotę.

Obrządek sobotnich zakupów trwa kilka godzin.

Po południu Hohestrasse pustoszeje.
Znika procesja.
Ekspedienci zamykają domy towarowe, właściciele zamykają sklepy. Znikają kataryniarze, znikają graficy, którzy zarabiają rysując twarz Chrystusa na chodniku, znika skrzypek grający zawsze Mendelssohna i zespół rockowy grający na kawałkach szkła. Nie widać ludzi obładowanych torbami, nie widać sprzedawców kasztanów, nie słychać tramwajów.
Kolonia przestaje istnieć.
Wtedy właśnie, w to puste, martwe, nudne i beznadziejne sobotnie popołudnie, kiedy wszystko jest zamknięte na kłódkę, zaryglowane, zatrzaśnięte i z tego powodu nie ma żywego ducha na ulicach, na placach, na przystankach, nigdzie, wtedy najlepiej widać, skąd bierze się miasto:
bierze się z handlu;
miasto bierze się ze sklepów pełnych towaru, z chodzenia od wystawy do wystawy, z patrzenia, z oglądania, z dotykania, z pytania o cenę;
bierze się ze wspólnego siedzenia przy barze, przy stoliku w restauracji, na tarasie kawiarni;
z rozmowy, z wymiany, z dyskusji, ze sporu, z szukania czegoś nowego, z szukania czegoś ważnego;

ze światła, z blasku, z pulsowania neonów, migotania kolorów, z ruchu, z tłoku, z pędu, z wiru, z wrzawy, z łoskotu, z oszołomienia;
z ulic, które cię kuszą, nawołują, osaczają wystawami, reklamami, nowościami, pomysłami, cudami, blichtrem; które kipią, iskrzą się, pachną, huczą, trąbią, fruwają, wybuchają;
miasto bierze się z rynku.

Z Londynu
1984

W niedzielę, piątego, jeszcze w Warszawie: wieczór gorący, ociężały, jak wieczory w Dire Dawa. Powietrze rozgrzane, odurzające, w którym jest jakaś namiętność, coś przypominającego oddech dziewczyny, kiedy mówi — chodź! To godziny, w których natura jest przychylna, ogarnia cię ciepłym ramieniem.

W poniedziałek, już w samolocie (BA lot numer sześćset i coś tam), dwaj trzydziestoletni brodacze patrzą na siebie:
— Ty z Potulic?
— Tak, ja ciebie też pamiętam z Potulic!
— Na stałe?
— Tak, do Calgary.
Może przyjadą tu za dziesięć, dwadzieścia lat — w odwiedziny. Będą mieli kolorowe krawaty i marynarki w dużą jaskrawą kratę. Żony — okulary w złoconych oprawach, różowe kapelusze. A te dzieci, które są z nimi, może nie będą już chciały przyjechać tu nigdy.

W Londynie, na Heathrow, czeka na mnie Clara Harington z Pan Books. Wsadza mnie do taksówki. Są to najbardziej przestronne i wygodne taksówki na świecie: od razu czujesz się lordem.

Droga z Heathrow do centrum Londynu. To samo wrażenie co w Nowym Jorku czy Paryżu, kiedy przyjeżdża się tu ze Wschodu: jest się rzuconym na ruchomą taśmę — to fale samochodów płynących autostradą w obu kierunkach. Wzmożony, intensywny ruch, wobec pustych, sennych dróg, które zostawiło się w kraju.

Londyn — odmalowany, zadbany, czysty. Ciągle coś tu zmywają, szorują, polerują. Różnica między Wschodem i Zachodem polega nie tyle na ilości wyprodukowanej stali, co na ilości wyprodukowanej białej farby.

To miasto jest jak muszla — nieustannie szumi. Szum jest częścią otaczającej cię natury.

Z mojego wywiadu dla tygodnika „Observer": „U mnie fabuła, forma, nastrój — kształtują się dopiero w trakcie pisania. Kiedy siadam przed czystą kartką papieru, nie wiem właściwie nic: jeszcze nie wiem. Wszystko zaczyna się dziać dopiero potem. Trochę upraszczam, ale mogę powiedzieć, że objętość tego, co napisałem, można mierzyć ilością czasu spędzonego przy maszynie do pisania".

Żeby uzyskać dużą ekspresję, trzeba wybrać jakiś jeden przedmiot i wokół niego zorganizować obraz. Potrzebna jest stanowcza selekcja. Na przykład lampa Prousta, w opowiadaniu jego służącej: „Nigdy nie widziałam pana Prousta inaczej niż w świetle lampy, która stała koło jego łóżka" (z książki Stanisława Balińskiego „Antrakty"). To jest plastyczne, zostaje w pamięci.

Tłumy Japończyków. Biegają, fotografują, robią notatki. We wszystko wpatrują się w skupieniu, przejęci. Z najwyższą uwagą słuchają objaśnień przewodnika. Jest to turystyka pilna, nawet ofiarna, nie znająca wytchnienia.

Wiersze Charlesa Peguy w tłumaczeniu Bogdana Ostromęckiego. Kilka fragmentów pięknych.

Niech wasze rachunki sumienia i wasze pokuty
nie będą jakimś napięciem i upartym oglądaniem się wstecz,
lecz niech będą rozluźnieniem.

My wszyscy: tu coś zobaczymy, tam coś usłyszymy. I już dalej i dalej. Następna ulica, następne miasto, tłumy przepływające obok nas, jak rzeki, twarze pojawiające się na moment i znikające, jak fale, coraz to inne i zarazem takie same, nieprzerwane migotanie, ruch obrazów przed naszymi oczami (kiedy jedziemy samochodem, oglądamy telewizję, film, przerzucamy magazyny ilustrowane) — jak zatrzymać ten nie kończący się show świata, jak przysiąść pod drzewem i oddać się rozmyślaniom?

(King Vidal w wywiadzie dla „Le Nouvel Observateur": „Były czasy, kiedy podróż statkiem pozwalała poznać mnóstwo ciekawych ludzi. Miało się czas na rozmowy, zawieranie znajomości, nawiązywanie przyjaźni. Dziś nikogo się już nie poznaje. Wszyscy podróżują samolotami. Poruszają się szybko, w lewo, w prawo, ale nie w głąb".)

Nocami w moim pokoju (Basel Street Hotel, p. 276) oglądam transmisje z olimpiady w Los Angeles. Dominują kolorowi, przede wszystkim — czarni (notabene: a biały to nie kolor? Biali są też kolorowi!). Za dziesięć lat olimpiada będzie imprezą Trzeciego Świata.

Na podium zwycięzców sztafety 4×100: USA, Jamajka i Kanada. Dwunastu sprinterów z trzech krajów — ale wszyscy czarni — jakby to były Igrzyska Środkowej Afryki!

Jeszcze olimpiada: zbliżenia twarzy zawodników przed startem. Koncentracja. Decyduje koncentracja. Umiejętność skupienia. Stopień skupienia całej uwagi i całej energii w jednym punkcie, na jednym celu.

Dopiero tu, na Zachodzie, widać, jak Trzeci Świat wtargnął i osiedlił się na dobre w Europie i Ameryce, tj. w Zachodniej Europie i w USA. Jakaż to ogromna rewolucja dokonała się w drugiej połowie XX wieku! Jadę metrem w Nowym Jorku, a zdaje mi się, że jestem w Nairobi — sami czarni. W Paryżu mieszkam w hotelu „Rex". Jestem tu jedynym Europejczykiem — reszta to Algierczycy, Tunezyjczycy. W Bonn na placu bawią się dzieci — tureckie? Irańskie? Sudańskie? Ani jedno nie jest Niemcem.
Kraje Europy Wschodniej pozostały ostatnią enklawą „czystej" białej rasy.

Jose Vasconcelos — „La raza cosmica". Ten pisarz i filozof meksykański utrzymywał (jeszcze w latach dwudziestych), że powstanie kiedyś jedna rasa ludzka — owa rasa kosmiczna, która będzie syntezą najlepszych fizycznych i umysłowych cech wszystkich ras zamieszkujących ziemię, najpiękniejsza, najmądrzejsza, braterska.

Być może to, co czeka ludzkość, to „utrzecioświatowienie świata". Gdyby to właśnie miało nastąpić, wyprawa do krajów Trzeciego Świata nie byłaby dziś wyprawą w przeszłość, w poszukiwaniu pierwszych ogniw historii (Morgan, Frazer, Malinowski, Mead, Lévi-Strauss), ale odwrotnie — wyprawą w przyszłość! Już w następnym stuleciu 90 procent ludzkości żyć będzie w krajach zaliczanych dziś do Trzeciego Świata.

Niedziela, południe. Park Kensington. Słońce, staw, kaczki. Cały czas słychać startujące odrzutowce.

Drzewa dają spokój, ratują, to ostatni przyjaciele, ostatni obrońcy.

Staruszkowie idą wolno i tak ostrożnie, jakby obawiali się, że za chwilę wejdą na minę.

Mnóstwo tu piesków. Te pieski jakieś zdziecinniałe.

A oto Highgate. Tu kiedyś mieszkał Samuel Coleridge, poeta, który napisał: „Myśl i rzeczywistość są jak gdyby dwoma odpowiadającymi sobie brzmieniami, o których żaden człowiek nie może powiedzieć z pewnością, które z nich jest głosem, a które echem". (tłum. Zygmunt Kubiak)

Kolacja u K.P. Przy stole kilka osób z różnych stron świata. Żadnego wspólnego tematu — każdy mówi o sobie, o sprawach swojego kraju. Nikt nie jest zdolny wykroczyć poza ten krąg. Granice mentalne zdają się być trudniej przekraczalne niż te chronione przez zasieki i wieże wartownicze. (Przypomniało mi się, że na początku roku „Le Monde" przedrukował listę 10 najlepszych książek, jakie zdaniem czytelników londyńskiego „The Sunday Times" ukazały się w ubiegłym roku w Anglii. Komentarz gazety: „Żadna z tych książek nie została przetłumaczona we Francji. Nawet nie wiedzieliśmy o ich istnieniu!" A przecież z Paryża do Londynu można latać kilka razy dziennie, bez żadnych problemów paszportowych!)

W czasie tej kolacji M. mówi do mnie:
— Dzisiaj trudno jest gdzieś pojechać i coś zwiedzić. Wszędzie jakieś wojny!

Podsłuchane (mężczyzna do mężczyzny):
— Wolę tamtą. Tamtej jest jakoś więcej!

Richard Kisch, kuzyn wielkiego Kischa. Niski, tęgi, włosy siwe, długie, rozrzucone, rozwichrzone. Okulary, bielmo na lewym oku. 72 lata. Ruchliwy, chaotyczny, wszystko w nim zdaje się być osobno. Kręci się niespokojnie, macha rękami albo podciąga spodnie. Ciągle z niego coś wylatuje — papierosy, tytoń, ołówki, zapałki. Jakby był trzęsącym się na kocich łbach wozem asenizacyjnym. Idąc, wszędzie zostawia za sobą ślady — jakieś papierki, bilety, popiół z fajki, a gdyby miał pieniądze — gubiłby również i pieniądze. (Clare: Na przyjęciu oblał mnie całą winem, nawet nie zwrócił uwagi!)
Poznaliśmy się w Dar es-Salaam w roku 1962. Potem nie widzieliśmy się dwadzieścia lat. Ale teraz, w Londynie, Richard rozmawia ze mną tak, jakbyśmy ostatni raz spotkali się wczoraj. Myślę, że w swoim kosmicznym roztargnieniu nawet nie zauważył, że od naszego rozstania minęło tyle lat.
Próbował być doradcą różnych polityków: Kambony z Tanzanii, Sihanouka z Kambodży, Pio Pinto z Kenii. Niestety, ci, którym doradzałem — przegrali (mówi to z odrobiną smutku). I'm a failure.
Wszystko, czego się dorobił: stary motorower Honda, który stoi przed domem. Ale boi się ze mną jechać — jestem ślepy (mówi) i mógłbym cię zabić.
Wyjmuje, otrzepuje maszynopisy książek, których nikt mu nie chciał wydać. Ze stosu zakurzonych papierów wygrzebuje listy od Carl..., która była z nami w Dar

es-Salaam (pulchna, ochocza Amerykanka z Peace Corps), a teraz pisze gdzieś ze Stanów, otoczona tłumem dzieci, u boku trzeciego męża.

Cristine obiecała, że do soboty przyśle mi program na następny tydzień, a także wiadomość, w którym hotelu będę mieszkać. Jest piątek w południe, wkrótce kończą tu pracę, a Cristine milczy. A jednak jestem spokojny. Nawet nie usiłuję jej szukać, pytać, ponaglać. Lata doświadczeń nauczyły mnie wierzyć w ich rzetelność, w ich słowo. Rzetelność — jakież to daje poczucie bezpieczeństwa, jaki spokój!

Nicolas Spice z „London Review of Books" mówi mi: w roku 1983 wydano w Anglii 51 tysięcy nowych tytułów. W tej powodzi książek zatracono już wszelkie kryteria, normy, skale ocen. Bardzo dobra powieść Michela Tourniera zniknęła w tym potopie, nikt jej nie zauważył, nie przeczytał, nie wydobył na światło. Literatura zanika — mówi i dodaje — instead of literature we have textuality.

Przybosia „Zapiski bez daty", Kuncewiczowej „Fantomy", Brezy „Spiżowa Brama", Stępowskiego „Eseje dla Kassandry", Irzykowskiego „Notatki z życia". Jaki to gatunek? Reportaże? Eseje? I jedno, i drugie, ale zarazem i coś więcej. To nowa literatura. Polega ona na budowaniu refleksji, nastrojów, scen, zamiast tworzenia postaci i intrygi. Budowanie wielkich (ważnych, nowych) postaci jest dziś coraz trudniejsze. Ale czy ta nowa literatura jest czymś zamiast, czy też tylko czymś obok — to okaże przyszłość.

Z daleka wyglądało to na księgarnię. Podszedłem bliżej. Tak, była to księgarnia nowego typu. Na półkach, zamiast książek, stały rzędami videokasety (zresztą wyglądem przypominające książki w sztywnych oprawach). Coraz częściej zamykają tu księgarnie z książkami, a otwierają te właśnie księgarnie videokasetowe.
— Pan chciałby „Wojnę i pokój"? Ale w jakim wariancie? Filmowym? Telewizyjnym? Teatralnym? W czyjej adaptacji? Mamy siedem różnych przeróbek.
Speszony, dziękuję i wychodzę.

Na Oxford Street, Clare mówi: „Kiedyś było tu wiele eleganckich sklepów, w których można było dostać towar najwyższej jakości. A teraz?"
Zatłoczona, hałaśliwa ulica coraz bardziej przypomina bazar w Madrasie, suk w Damaszku, rynek w Bogocie. Inwazja taniochy, jej rozpychanie się łokciami, jej żywotność, jej tupet i władztwo.
Przemiana Oxford Street: w tym jest zawarta wielka metafora.

Oxford:
z profesorem Kirkwoodem doszliśmy do Radcliffe Square, gdzie zatrzymałem się, żeby w nabożnym nastroju podziwiać piękno tego placu i całej otaczającej go architektury, kiedy nagle, na trawniku przed Radcliffe Camera, zobaczyłem leżącą i odpoczywającą dziewczynę, a ściślej — zobaczyłem jej jasne, pełne, jędrne udo. Nie widziałem jej twarzy, nie wiem, kto to był, zresztą nie miało to znaczenia, w tym momencie istotne było to, że w ułamku sekundy to nie znane mi bliżej, uniesione i lekko kołyszące się udo przesłoniło mi wszystko — genialna fasada All Souls, cudowny St. Mary's Church, wspaniałe budowle Brasenose i Bodleian, przed którymi idąc tu, za-

mierzałem paść na kolana, rozpłynęły się i zniknęły bez śladu, teraz nie było już nic, tylko fragment zielonego trawnika i na jego tle to magnetyczne, doskonale wyrzeźbione udo nieświadomej niczego dziewczyny.

Biedni wy, pracowici mistrzowie średniowiecza (pomyślałem), skoro tyle waszego trudu, poświęcenia i geniuszu znika nagle, ginie, jakby zapadło się w ziemię, przekreślone, zresztą bez żadnej złej woli, przez anonimową turystkę, która odpoczywając na trawniku uniosła nogę.

Jak przez ścianę dobiegały mnie objaśnienia profesora Kirkwooda. Nic nie rozumiałem z tego, co mówił, byłem gdzie indziej. Dopiero znacznie później uświadomiłem sobie, że od pewnego czasu profesor patrzy na mnie z niepokojem, nie rozumiejąc, co się stało.

Lot z Londynu do Warszawy. Gdzieś nad Danią, a może już nad Bałtykiem zaczynają się chmury. Lądowanie w chmurach.

Pierwszy telefon. Pierwsza wiadomość — umarł Bogdan Gotowski. Pogrzeb w poniedziałek.

W ciągu miesiąca umarło czterech moich kolegów: Olek Wallis, Karol Małcużyński, Zbyszek Kubikowski, Bogdan Gotowski. Ktoś mówi — umierają najlepsi, najbardziej rzetelni i wrażliwi, ci, którzy wszystko najsilniej przeżywali. Uczucie zakłopotania, które ogarnęło mnie, kiedy to usłyszałem. Absurdalność naszej sytuacji, w której człowiek musi usprawiedliwiać się, że jeszcze żyje.

Są dni (czasem całe ciągi takich dni) myślowo i uczuciowo puste. Dni — jamy, dni — jak ulatniająca się para.

Nasz czas subiektywny można by podzielić na dni przeżywane i dni przebywane. Zdolność człowieka do przeżywania — jakże jest ograniczona. Chętnie ucieka on od przeżywania do przebywania.

Jeszcze Coleridge:
„Nikt nie może przeskoczyć swego cienia".

Z Warszawy
1985

Jakob Boehme: królestwo Boże jest wewnątrz człowieka.

Umysł człowieka kultury masowej to jest inny umysł. Różnica między takim umysłem a umysłem intelektualisty nie jest różnicą stopnia, ale różnicą gatunku. Są to mózgi zadrukowane różnymi kodami. Nie można wprowadzać tu rozróżnienia wyższy — niższy, chodzi bowiem o inność, o odmienność struktur mentalnych. Cechy umysłu człowieka kultury masowej: a) brak ciekawości świata, nie chce wiedzieć, b) obojętność, pasywność, myślowa drzemka, c) jeżeli jakieś myślenie, to powolne, bez tempa, bez polotu, d) ślepa wiara w stereotypy, mity, brednie; niechęć, aby je rewidować, odrzucać, e) nieufność.

H. mówi mi, że widział film Perskiego o Powązkach. Jest to film o tym, jak nasze życie kulturalne i towarzyskie przeniosło się na cmentarze i tam się toczy. Ludzie witają się, padają sobie w objęcia, spacerują, dyskutują. Waldorff w roli mistrza ceremonii.

Terroryzm to dla tych, którzy go uprawiają, rodzaj narkomanii, z tym że w narkomanii siła niszczycielska jest zwrócona do wewnątrz człowieka, a w terroryzmie — na zewnątrz, przeciw bliźniemu, któremu nałożyło się przedtem maskę wroga.

Zło, które czynią inni, sprawia, że nie wolno mi czuć się zadowolonym. Ja też odpowiadam.

Denis de Rougemont:
„Nie chodzi o to, żeby przewidywać przyszłość, ale żeby ją tworzyć".

Poeta jugosłowiański — Milivoj Slaviček — mówi mi: „Pisarz wie, czy to, co napisał, jest dobre. Jeżeli mówi, że nie wie, to znaczy, że udaje". Slaviček ma rację.

Brain S. Johnson (1933—73), pisarz angielski: „Jedyną rzeczą, jaką pisarz może dziś uważać za swoją własność, jest wnętrze jego czaszki i to właśnie powinien badać i opisywać".

15.3.
(Praga, lotnisko. Tak samo pochmurno i deszcz jak wtedy, dwa lata temu.

Krzyk niemowlęcia w hali lotniska. Ależ siła, ale intensywność! Jakież burze, jakie napięcia, jakie lęki i cierpienia musimy przeżywać w tym wieku, skoro wydobywamy z siebie tak rozdzierające wołanie! Jakby nas wbijali na pal, wrzucili do beczki wrzącego oleju. I wszystko potem zapominamy. Jakby to nie był nasz ból, nasz krzyk!

Nowy Jork 22.3.
Pierwszy tydzień w Ameryce. Żadnego w pamięci obrazu, żadnych słów. Świat Nowego Jorku przepływa przeze mnie, ale nie osadza się i nie pobudza myśli.

Stacja metra przy 7 Avenue. Opisać moment, kiedy przez stację przelatuje pociąg. Jak jego łoskot przenika nas, stojących na peronie, przenika i łączy, jak wszyscy zaczynamy wibrować. W tym samym rytmie. Jak przeszyci tą samą stalową strzałą pociągu tworzymy jedno ciało, spójnię, tożsamość, jeden rozdygotany, skurczony organizm. Jest to chwila oszołomienia, uniesienia, którą przeżywamy wspólnie, identycznie.

Ale pociąg przejeżdża, ostatni wagon znika w czerni tunelu. I wówczas, niemal w jednej sekundzie (a może właśnie: w jednej sekundzie) nasza wspólnota rozpada się, dzieli i wyrusza w różne strony: kto w górę Manhattanu, kto w dół, kto na Bronx, kto na Queens i Jamajkę.

w Vancouver

B. opowiada o naszej emigracji, o tym, jak tu Polacy „znikają" i „pojawiają się". Przed wyborem papieża i powstaniem „Solidarności" zdawało się, że w mieście jest niewielu Polaków. Po wyborze papieża nagle pojawiło się ich mnóstwo (tj. wielu ludzi ujawniło się, zaczęli przyznawać się, że są Polakami). Po utworzeniu „Solidarności" zrobiło się ich jeszcze więcej. Teraz, mówi B., znowu ich mało (choć w rzeczywistości nowa emigracja podwoiła liczbę Polaków w tym mieście).

Brzeg Pacyfiku, wysoki cypel, na którym stoją zabudowania tutejszego uniwersytetu. Na brzegu — kamienie. Lubię zbierać kamienie, z całego świata zwoziłbym książki i kamienie. Kamienie świecą, kiedy są mokre, kiedy wyschną — ich światło gaśnie. W deszczu to kamienisko musi wyglądać jak łąka, jak kwietnik. Ale wystarczy trochę słońca, a wszystkie barwy zszarzeją.

W oddali zalesione wzgórze, zalesiony wąwóz — jak w Kazimierzu. Podszedł do mnie Japończyk — a byłem na tym brzegu sam — i zapytał:

— Czego szukasz?

— Kamieni — odpowiedziałem.
Odszedł bez słowa.)

Trafna obserwacja Krystyny Jagiełło:
„Kłamali wszyscy. Ale kłamstwo wszystkich staje się rzeczywistością — dymną zasłoną dla sumień. Wspólnota kłamstwa jest dobrotliwa — z każdego zdejmuje cząstkę winy".

Klasy, warstwy a antropologia. Klasa a twarz: kształt twarzy, jej wyraz. Rodzaj spojrzenia. Wpływ środowiska, warunków kulturowych na rodzaj twarzy, na jej układ, rysy, wyrazistość. Na Zachodzie twarze są znacznie mniej zróżnicowane niż na Wschodzie: tu arystokrata i chłop są to dwie różne rasy.

Cisza między słowami bywa tak ważna jak słowa. Nadaje im siłę i sens. Ale także słowa oddziałują na ciszę — nadają jej barwę i głębię.

Kłamstwo: jeżeli można oszukać zło za pomocą kłamstwa — czy wówczas wolno kłamać?

Kiedyś Grace Budd powiedziała mi:
— Nie ma nic piękniejszego niż przestrzeń.
A było to w jednej z małych, brudnych, ciemnych stacji metra w Nowym Jorku.
Chodziło jej o przestrzeń nie tę, która nas otaczała, ale tę, która dawała się pomyśleć, dawała się stworzyć mocą wyobraźni.

Ze Stefanem Bratkowskim u Ernesta Brylla. Bryll opowiada o tłumie ludzi, którzy przyszli do kościoła na jego wieczór poetycki. Zastanawia się, czy aby nie przyszli dla komfortu psychicznego: że w czymś trochę opozycyjnym (a przecież w gruncie rzeczy niekaralnym) wzięli udział?

— Janku — pytam — nie było mnie w kraju kilka miesięcy, powiedz, co słychać?
— A wiesz — odpowiada — wszystko to samo, tylko wszystkiego jakby więcej.

Cenzor przejrzał tygodnik literacki i odkładając go powiedział z ulgą: „Na szczęście nie ma tam nic do czytania!"

Z wiekiem człowiek staje się sam dla siebie coraz bardziej postacią wymyśloną, bohaterem literackim.

Człowiek i człowieczek. Rola człowieczka w systemach totalitarnych (Hanna Arendt o banalności zła).

Na kolacji ze Slavičkiem.
Mówi: — Zachowujemy się jak nomadzi. Myślimy, że zniszczymy ten kawałek ziemi i pójdziemy dalej, na lepszy. Ale gdzie? Dokąd? Przecież wszystko zajęte!

Zmiana przedmiotu współczesnej refleksji humanistycznej: w miejsce człowieka wyzyskiwanego pojawił się człowiek manipulowany.

Nie dać się złapać w pułapkę własnej przeszłości!

Zachód: władzę ma ten, kto ustanawia prawa. Wschód: władzę ma ten, kto je łamie.

Życzę ci, żebyś zawsze się dziwił. W dniu, w którym przestaniesz się dziwić — przestaniesz myśleć, a przede wszystkim — czuć.

M. powiedziała mi:
— Mam mało wolności, ale trochę mam. Na przykład tyle, żeby nie patrzeć na tego skurwysyna.

Lepiej pamięta się postać niż wypowiedziane przez nią słowa. Pamiętamy sylwetki tych, których spotkaliśmy, ale czy pamiętamy dokładnie, co mówili? Obraz ma wielką siłę. Stąd przyszłość cywilizacji audiowizualnej, komunikowania się obrazami, przekazu obrazem.

Z Jana Strzeleckiego „Prób świadectwa":
„...że istnieje codzienność, z której wykraczać można jedynie w stałym wysiłku".
„...ich sakralizacja państwa".
„...ciosy rozcinające więź z ludźmi i zmierzające do zamknięcia człowieka w kręgu biologii, bezsilnej i pełnej lęku".
„...sytuacje graniczne są to sytuacje, w których nie ma środka, w których człowiek staje wobec nieuchronności wyboru, wobec próby siebie; następny krok jest krokiem bezpowrotnym, nadającym nam niezatarte piętno".

Nagle — fascynacja średniowieczem. Moje miasta średniowieczne zaczynają żyć, wypełniają się gwarem, barwą, zapachem. (Marguerite Yourcenar: „Miasta rzeźbione jak szkatuły"). Pociąga mnie ich mały format, ich ludzki wymiar — wąska uliczka, mała kamienica, mieszkania-labirynty pełne rupieci i zakamarków. Panuje tu harmonijna i proporcjonalna jedność, przychylny związek między człowiekiem a otoczeniem. Ludzie mogą się spotykać, przechadzać się, dyskutować, czuć, że tworzą pewną rozpoznawalną wspólnotę. W moim średniowieczu ważne są szczegóły, drobiazgi, które trzeba ozdabiać i pielęgnować. Każda rzecz musi mieć swój własny, odrębny byt, swój kształt i wyraz.

Nieustający wysiłek ludzi, ich dążenie, aby w miejsce istniejącego świata, otaczającej ich rzeczywistości, postawić własne życzenia, zastąpić byt obiektywny subiektywnym wyobrażeniem bytu, choćby to wyobrażenie było najbardziej absurdalne. Umysł ludzki nie przechowuje obrazów świata obiektywnego, ale dzieła własne, obrazy przez siebie wytwarzane, często zresztą bardzo kiczowate.

Ta konstrukcja, dzięki której utrzymujemy się w normie etycznej, jest bardzo słaba. Łatwo ją zniszczyć przemieniając samego człowieka w narzędzie zniszczenia albo samozniszczenia.

Wpadły mi w ręce „Collected Poems" W. B. Yeatsa. Na końcu książki jest „Index to First Lines". To bardzo ważny klucz do zrozumienia procesu twórczego poezji. Trzeba mieć pierwszą linijkę i (prawie!) ma się wiersz. Ta pierwsza linijka jest snopem światła, które rozbłyskuje nagle i wydobywa z ciemności cały obraz. Powstanie w naszej myśli pierwszej linijki jest zawsze przypadkowe, spontaniczne, zaskakujące nas samych.

K.:
— Dobro nie zna gradacji, natomiast istnieje gradacja zła. Każde zło ma swojego obrońcę — jest nim perspektywa jeszcze większego zła. Może dlatego zło jest tak rozpowszechnione, tak pewne siebie — bo czuje się bezpieczne, bo w każdej chwili może nam pogrozić: chcecie jeszcze większego zła?
Problem w tym, że tak długo, jak dopuszczamy alternatywę większego i mniejszego zła, tak długo nie możemy go w ogóle zniszczyć. Tylko wykroczenie poza tę alternatywę stwarza szanse pokonania zła.

W „Radarze" (49/84) jeden z lepszych wierszy (Ryszard Sobieszczański — „Przyjacielowi przerażonemu stabilizacją") o polskich nastrojach AD 1984:

>   A na szafę nie trzeba
>   z siekierą
>   po co z siekierą na szafę
>   szafa to jest szafa
>   nie trzeba na nią z siekierą
>   tam niech zawiesi ktoś sukienkę
>   i położy twoje ubranie
>   a stół niech będzie stołem
>   on jest na chleb
>   i książkę
>   i na wasze ręce.

Ktoś, pop jakiś:
— Bożeż, kak twaja mudrost' ostajotsa dla nas nieponiatnoj!

Prusy — podział, rozdarcie na etykę powinności i etykę przekonań.

Rozróżniam dwa rodzaje wywiadu prasowego:
1) wywiad — portret, tj. wywiad, którego celem jest zarysowanie postaci rozmówcy, jego biografii, sposobu bycia, poglądów itd.
2) wywiad — problem, taki, w którym zasięgamy opinii jakiegoś autorytetu na dany temat.
Są dwa sposoby przeprowadzania wywiadu:
1) atakujący, agresywny, w którym reporter stara się narzucić ci kierunek myślenia, zmylić cię, uplątać w sprzecznościach, doprowadzić do furii;
2) współdziałający, otwarty, w którym reporter chce zbliżyć się do prawdy o tobie i cierpliwie czeka na twoją chwilę szczerości.

Perspektywa antropologiczna:
— żyjemy w okresie nowego dzieciństwa: przez setki tysięcy lat człowiek przystosowywał się do otoczenia naturalnego, teraz — musi od początku uczyć się przystosowania do środowiska stworzonego przez samego siebie;
— na organizm człowieka ogromny wpływ mają nasze stany emocjonalne. Ale kiedyś emocje były związane z wysiłkiem fizycznym (pogoń za pożywieniem, ucieczka przed napastnikiem), ten wysiłek sprzyjał ich rozładowaniu. Dziś zostały tylko emocje (lęk, agresja), pozbawione mechanizmu rozładowującego:
— pytanie o ogniwo pośrednie: bo najpierw jest

człowiek prymitywny ze swoim prostym kijem kopacza, kamiennym toporkiem, igłą z rybiej ości, a potem od razu — arcydzieła: Sumerowie, Cyklady, Lescaux, Mohendżo-Daro. A co — pomiędzy? Gdzie to? Gdzie tego szukać?

W sztuce i tylko w niej najgroźniejsza jest średniość. W życiu codziennym, sprawna, wydajna średniość — jest siłą nowoczesnej cywilizacji.

Przejmująca książka (Paul Peikert: „Kronika dni oblężenia"). Są to zapiski niemieckiego proboszcza parafii św. Maurycego we Wrocławiu, kiedy miasto to było oblężone zimą i wiosną roku 1945.

„Kronika" to przede wszystkim studium człowieka, który z żelazną konsekwencją postępuje według zasady — robić swoje niezależnie od wszelkich przeciwności. W każdej sytuacji wypełniać swój obowiązek, nie załamywać się, nie ustępować. Całe miasto, cały świat wali się w gruzy, a ksiądz codziennie o tej samej godzinie odprawia swoje msze przy ołtarzu, na który sypią się cegły i szkło z witraży, spowiada, grzebie zmarłych na cmentarzu, na którym właśnie pękają bomby, jest punktualny, sumienny, niezachwiany, mocny.

Peikert pokazuje w swoich zapiskach, jak system totalitarny im głębiej pogrąża się w kryzysie, tym bezwzględniej obraca się przeciw własnemu społeczeństwu, tym brutalniej zaostrza i rozszerza terror, tym silniej odzywa się w nim instynkt niszczycielski. Słowem, totalitaryzm im bardziej czuje się zagrożony, tym bardziej staje się niebezpieczny, nawet dla swoich wyznawców, swoich najbliższych (proboszcz opisuje egzekucje notabli hitlerowskich oskarżonych o upadek ducha, cytuje zarządzenia ostatniego komendanta Festung Breslau — Karla Hankego —

z 3 marca 1945 ustalające karę śmierci dla „panikarzy i siewców pogłosek").

Sam Hanke, na kilka godzin przed kapitulacją, ucieka z miasta samolotem. Małość, tchórzostwo, nędza tych ludzi, którzy najpierw wszystkich i wszystko niszczą, a potem uciekają.

Z Oxfordu
1986

Wiele rzeczy zaczynamy rozumieć późno, jeszcze więcej — bardzo późno, najwięcej — zbyt późno.

Stopniowo, w miarę upływu czasu, odkrywamy w samym sobie coraz trudniejszego przeciwnika.

Dobrze to czy źle, że masy są bierne, że ludzkość w swojej pięciomiliardowej masie jest bierna? Ale gdyby nagle wyzwolić wszystkie drzemiące w niej energie, emocje, żądze, ambicje — czym by się ten wybuch skończył? Zagładą czy spełnieniem utopii? Religie, jakby w obawie o fatalne skutki rozbudzenia tych energii, starają się raczej podtrzymać bierność ludu. Buddyzm zaleca, aby pogrążyć się w medytacjach. Islam propaguje cierpliwość obiecując szczęście w innym świecie itd.

W telewizji reportaż z Irlandii. Rozmowa z ofiarami terroru. W czasie rozmowy ich twarze są niewidoczne, głowy pochylone albo odwrócone tyłem do kamery. Twarze terrorystów, z którymi rozmawia później reporter, są też niewidoczne, bo szczelnie zakapturzone w kominiarkach albo elastycznych pończochach. Przemoc nie ma twarzy, ale jej ofiary, żeby przetrwać, też muszą ukrywać twarz.

Londyn, 22 kwietnia. O 17-tej spotkanie z Adamem Czerniawskim w Oxford and Cambridge Club przy Pall Mall. Idąc na to spotkanie przypadkowo zajrzałem w małą uliczkę, przy której stał prosty, stary dom, raczej ubogi w tej luksusowej dzielnicy, a na jego ścianie zobaczyłem tablicę:

From This
house in 1848
Frederic Chopin
1810—1849
went to Guilthall to
give his last public
performance

W tej samej dzielnicy Londynu stoi pomnik kapitana Roberta Falcona Scotta. Scott i jego czterej towarzysze zginęli w marcu 1912 roku wracając z Bieguna Południowego. Ostatnie słowa znalezionego później dziennika Scotta są najbardziej dramatyczną definicją reportażu: „Those rough notes and our dead bodies must tell the tale" (i tylko te surowe zapiski i nasze martwe ciała opowiedzą historię).

Ostatni wywiad z Jeanem Genetem:
— Dla mnie ojczyzna to trzy, cztery osoby.

Winnie Mandela z Południowej Afryki, Corazon Aquino z Filipin, Benazir Bhutto z Pakistanu i tyle innych — nowa generacja kobiet — przywódców, porywających masy, spędzających władcom sen z powiek. Kobiety te mają jedno wspólne: przyczyną, która sprawia, że postanawiają działać, jest mężczyzna (ojciec, mąż), jego krzywda, więzienie, śmierć. Na jego przykładzie przeżywają niesprawiedliwość i przemoc świata. Chcą swoim działaniem wypełniać wolę swojego mężczyzny, przedłużać jego istnienie. Chcą go pomścić. Są dzielne tą niezłomną kobiecą dzielnością, która budzi respekt i sympatię.

Późno zrozumiałem, że pracuje się tylko przy warsztacie. To znaczy, że musi istnieć fizyczny kontakt między mną a narzędziem, instrumentem pracy, warsztatem. Musi być stół, papier, maszyna do pisania, ołówek, wokół sterty książek, luźne kartki rozrzucone na podłodze.

Kwiecień '86, co za miesiąc!:
— 14-go umiera Simone de Beauvoir (78),
— następnego dnia w jednym z hoteli paryskich umiera na raka Jean Genet (75),
— tego samego dnia Amerykanie bombardują Tripolis i Benghazi,
— w tydzień później umiera w Chicago Mircea Eliade (79),
— jednocześnie w Paryżu umiera księżna Windsoru, owa Bessie Simpson, dla której Edward VIII zrzekł się w 1938 korony brytyjskiej,
— 26-go Czarnobyl,
— Samuel Beckett skończył 80 lat: ,,Od szeregu lat milczy — pisze o nim Vicky Elliott w ,,International Herald Tribune" z 25.4. — i mówią, że to go boli".

4.5.
Wczoraj po południu rowerem do Woodstock. Krajobraz spokojny, odpoczywający, linie horyzontu łagodnie ugięte, nachodzące na siebie. Zielone pola pod lasem, pod bezchmurnym niebem. Daleko — las, cały czas las przesłonięty lekką, szaroniebieską mgłą. Ta mgła jest ważna — wtapia las w nieostry, nie dorysowany obraz, który przemawia właśnie tym, że nic nie jest w nim dopowiedziane do końca, nic nie jest dosłowne. Anglicy nie lubią, jeżeli ktoś twierdzi, że impresjonizm powstał we Francji. Dla nich ojcem impresjonizmu jest William Turner, który

malowa takie właśnie przymglone drgające pejzaże rozjaśnione światłem wewnętrznym.

Przed Woodstock, na lewo pałac Blenheim, siedziba Księcia Malborough, w której urodził się Churchill. Długa, długa droga od bramy do pałacu. Długość tej drogi — niezwykle istotna! Odległość, która ma znaczenie i symboliczne, i psychologiczne. Symboliczne — podkreśla dystans, jaki dzieli nas, prostaczków, nas, poddanych, od majestatu rezydującego hen, hen daleko. Psychologiczne, bo przebywając tę długą drogę stopniowo wprawiamy się w nastrój, w pokorę, w podległość, ogarnia nas wzruszenie, zbliżamy się do innego, wyższego świata, który na chwilę przyjmie nas do siebie.

6.5. Londyn
W redakcji „The Guardian" u Billa Weba. Wszystkie redakcje na całym świecie wyglądają jednakowo. Gorączkowa bieganina na korytarzach, bałagan na biurkach, pełno kartek na krzesłach, w koszach, na podłodze. Stuk maszyn do pisania, hałas telefonów, ostry zapach farby drukarskiej. W każdym pokoju — półki, na półkach w nieładzie książki, stare, zakurzone, do których nikt nigdy nie zagląda, ale i nikt ich nie układa ani wyrzuca. Lubię ten świat zaaferowany, napięty, rozgadany, trochę obskurny i pomylony, od razu czuję się na swoim terenie, u siebie w domu.

Wieczorem kolacja u Billa. Jest Neal Ascherson. Bill mówi, że na całym świecie klasa średnia rozrasta się, robi się coraz liczniejsza i spycha na dół stan robotniczy i chłopstwo.

Dr John Simmons, All Soul's College. U niego w gabinecie, na kawie. Rozmowa o Trzecim Świecie. Jego uwagi:

— H. T. Buckle twierdził, że los społeczeństw jest zdeterminowany przez glebę i klimat;

— Simmons uważa, że każdy kraj ma swój odrębny, optymalny poziom cywilizacyjny (w danym okresie) i próba gwałtownego przekroczenia tego poziomu kończy się katastrofą;

— mówiąc o kryzysie w Anglii twierdzi, że imperializm korumpuje także imperialistę (społeczeństwo w metropolii żyje na wysokim poziomie, z którego później, po utracie imperium, nie umie zrezygnować);

— wzrasta ilość i siła czynników emocjonalnych w polityce — religia, nacjonalizm itd.

Album starych fotografii „The Russian Empire 1855—1914" (Chloe Obolensky, London 1980). Typy ciężkie, masywne, jakby wyrastające z ziemi. Na jednym zdjęciu sprzedawczyni mleka w Moskwie chodzi od domu do domu z krową. Wielki rynek dzwonów w Niżnym Nowgorodzie. Pierwszy uniwersytet założono w Rosji dopiero w 1755! Fotografie: setki ludzi w mundurach. Gradacja — ci, co są ważni (poczynając od cara), noszą mundury. Ubiór cywilny to raczej symbol niższego stanu, wręcz — biedy. Widać wielu biedaków — żaden nie nosi munduru. Dwa społeczeństwa — umundurowane i cywilne. Rządzi — umundurowane. Na tych zdjęciach Rosja to państwo umundurowane.

12.5.
Tulipany rosnące wprost przed moim oknem (mieszkam przy Bradmore Road w suterenie) zauważyłem dopiero wówczas, kiedy jednemu z nich opadł płatek. To

znaczy zobaczyłem obraz poprzez nieregularność, która się w nim nagle objawiła. Dopiero w tym momencie!

George Steiner. Ciemne, żywe oczy, w których jest błysk chłopięcej radości z powodu ciągle odkrywanego świata. Twarz ciepła, o ruchliwej mimice.
— miłość? męcząca strata czasu. Dużo wyżej stawiam przyjaźń, wielką przyjaźń;
— muzyka: najbardziej tajemniczy rodzaj sztuki. Napisano tysiące książek o literaturze, o malarstwie, a nie ma właściwie doniosłego dzieła o muzyce. Sztuka najbardziej metafizyczna, najbardziej zbliżająca do Boga. Kobiety nie potrafią tworzyć muzyki, bo ich umysł jest realistyczny, jest od razu dojrzały, tymczasem tworzenie muzyki wymaga czegoś z dziecka, z jego niedojrzałości, naiwności (przykład: Mozart);
— Europa Środkowa? Przestarzałe pojęcie. Dla Europy Zachodniej linia konfrontacji nie przebiega dziś wzdłuż granicy Europy Wschodniej (na tym froncie panuje spokój i chęć współpracy), ale przez Morze Śródziemne (inwazja terroryzmu, zagrożenie energetyczne, konflikty z arabskimi gastarbeiterami, agresja fundamentalizmu itd.). Europa powróciła do sytuacji z czasów Karola Młota: nowe Poitiers, nowa konfrontacja Zachód—Arabowie.

Z Warszawy
1986

„U nas wszystko jest bronią — wszystko: bagnet, pług i pióro. Walcz, czym władasz najlepiej. Musisz być mądrzejszy od najchytrzejszych potęg. Na litość boską, nie daj się zeszmacić przez urazy, którymi napełni cię ich podłość. Nie zginiesz z rozpaczy, jeżeli zapracujesz swoim życiem na chwałę". (Cyprian Godebski)

Stanisław Brzozowski w swoim „Dzienniku" pod datą 21.12.1910:
„Boże! Boże! Trudna to naprawdę rzecz być dzisiaj Polakiem, chcieć myśleć, chcieć pracować".

J. M. o nowym pokoleniu karierowiczów:
— Nie mają wizji Polski, wizji przyszłości. Tym samym nie mają wizji, z którą mogliby się utożsamiać i solidaryzować. W tej sytuacji utożsamiają się z układem, z grupą, z osobami. O co im chodzi? O nic, a raczej o to, żeby się utrzymać, a potem przebić wyżej.

Czas zabija, ale brak czasu również zabija.

„Historia jest strukturą dynamiczną złożoną z sensów i nonsensów". (Fernand Braudel)

Uroki studiowania dziejów świata: ani czas, ani przestrzeń — choć istnieją — nie stawiają oporu. Podróżujemy przenosząc się z epoki w epokę, z kontynentu na kontynent. Nauka płynąca z historii: powolność przemiany, tak, jednak mimo wszystko — powolność. Epoki, imperia, systemy trwają setki lat.

Talent przetrwa, talent obroni się zawsze. Tego, kto ma talent, można zabić, ale żywy — będzie tworzyć na przekór wszystkiemu. Co to jest talent? Istnieje wiele definicji tego zjawiska. Moje określenie: to umiejętność schodzenia w głąb zjawisk, zdolność przebijania się przez powierzchnię, odkrywania wnętrza, ukrytych związków. Wielkość w sztuce jest tam, gdzie zaczynamy zbliżać się, dotykać tego, co niewidoczne, co przeczuwamy, że istnieje, ale co musimy dopiero odnaleźć, wydobyć na światło. W tym przeczuciu niewidocznego, w jego poszukiwaniu i nadawaniu mu kształtu — wyraża się talent.

Czy ktoś może stać się hombre culto w ciągu jednego pokolenia? Wyjątkowo i tylko wówczas, jeśli to szczególna indywidualność i nadzwyczajny zbieg okoliczności. Najczęściej na poziom kultury jednostki składa się już poziom kultury i wykształcenia jej dziadka, ojca, całej rodziny, środowiska. Może dopiero w trzecim, czwartym pokoleniu osiąga się status hombre culto.

Zło zła polega na tym, że zło absorbuje siły dobra: dobro musi koncentrować się na zwalczaniu zła, w tej walce zużywa swoją energię i nie może pójść dalej, rozwinąć skrzydeł do samodzielnego lotu, stać się twórcze, pomnażać najlepsze wartości. Stąd zapobieganie złu jest takie ważne — pozwala oszczędzać energię dobra.

Czarnobyl. Śmierć traci kształt, znika jako postać, jako obraz. Przestaje być kostuchą, zjawą o pustych oczodołach, widmem poległego żołnierza w zabłoconym i pokrwawionym mundurze. Jest bezbarwna, bezwonna, bezgłośna. Nie widzimy jej, nie słyszymy, jak nadciąga. Jest słonecznym dniem, przyjemnym, rześkim powietrzem, upragnioną ciszą. Giniemy, nie widząc ręki, która się nad nami podniosła, ani sztyletu zatapianego w naszym sercu.

Tu: jest w nas poczucie pewnej pychy frontowej. My tu walczymy i najlepiej wiemy, co i jak robić. Zdaje nam się, że tylko bezpośredni udział w walce daje prawo do mówienia i sądzenia. Jak gdyby ryzyko, wyczerpanie, odniesione rany były jednoznaczne z mądrością, przenikliwością, refleksją.

Wystarczy trochę tylko postraszyć, a będą bać się, będą przerażeni. W wypadku lęku reakcja na bodziec jest niewspółmiernie wielka w stosunku do siły bodźca. Strach ma wielkie oczy — to trafne.

Głęboka uwaga Zinowiewa, że siła komunizmu polega na tym, iż samoczynnie odradza się już na poziomie najniższej komórki. Nie przesadzajcie z tą odgórnością, mówi Zinowiew, spójrzcie, jak komunizm tworzy się i rozwija oddolnie! Weźcie, zbierzcie trzech ludzi i uformujcie ich w kolektyw. Bez niczyich poleceń będą działać zgodnie z wszelkimi regułami realnego socjalizmu. Zaraz zaczną się kontrole, sprawozdawczość, korupcja, donosy, zastraszenie i tysiąc temu podobnych plag.

Wyspiański w liście do Lucjana Rydla (14.1.1896) narzeka na polską literaturę: „(...) z czego właściwie składa się nasza literatura — okropność to, co jest, lepiej by jej nie było (...) żadnej myśli prócz Sienkiewicza. Ja każdą książką, którą czytam, jestem zawstydzony, wstydzę się za nas (...) Gdzie tu mowa o jakimś odrodzeniu, życiu, wszystko śpi (...) Inteligencje bardzo rzadkie, bardzo sporadyczne".

To samo, trzydzieści lat później, Stanisława Przybyszewska, która uważa, że w ogóle nie ma literatury polskiej, są tylko pisarze piszący po polsku.

Wyobraźnia ludzka zmienia się. Nie możemy wiernie zrekonstruować tej wyobraźni, która np. stworzyła świat katedr czy — później — świat secesji. Ale tak, jak nie możemy posiąść ponownie wyobraźni minionej i wygasłej, tak też nie możemy przedstawić sobie wyobraźni, jaka ożywiać będzie przyszłe pokolenia, a która może odmienić nasz świat dzisiejszy w sposób dla nas właśnie niewyobrażalny.

Rozmowa z I. Mówi tak, jakby w tym kraju nic się w ostatnich latach nie stało. Dla niej czas zatrzymał się dawno, dawno temu. Była na przyjęciu z okazji zjazdu nowych związków zawodowych i cieszy się, że wszyscy funkcjonariusze partyjni chętnie udzielają jej wywiadów. W ogóle spotykam coraz więcej ludzi, dla których czas zatrzymał się dawno, dawno temu. Czasem czytam, jak krytykują tych, którzy zmienili poglądy. Ale okazuje się, że zmiana poglądów jest czymś niezwykle rzadkim i trudnym. Ci, co nie zmieniają poglądów, czynią z tego zasadę moralną. Dogmatyzm jako dowód czystości etycznej!

Masa swoją masą dodaje sobie wagi również w sensie przenośnym.

„Badać przedmioty w bezpośredniej naoczności". (Husserl)

Miciński przeciw postawie, którą określa zwrotem: to jest cieeekaaaweee! (tj. przeciw sprowadzaniu wszystkiego do ciekawostki turystycznej, politycznej, obyczajowej etc., odbieranej bez angażowania się emocjonalnego, bez stosunku etycznego, bez serca).
To na marginesie moich podróży. Nie chodziło mi nigdy o zwykłe gromadzenie faktów, nazwisk, anegdot itd., lecz o poznawanie i przeżywanie innych losów i światów, o badanie zachowań i emocji ludzi usytuowanych w różnych kontekstach kulturowych i historycznych.

Micińskiego irytuje to, o czym można by dziś powiedzieć, że jest sprowadzaniem wszystkiego do obrazu na ekranie telewizyjnym. Zacieranie różnicy między rzeczywistością a światem fikcji może prowadzić do zgubnych następstw. W dodatku — ponieważ oglądamy więcej wojen, zabójstw, ofiar, krwi na ekranie telewizora niż w życiu realnym — dramat telewizyjny zaczyna wydawać nam się bardziej rzeczywisty niż ten, z którym możemy zetknąć się na ulicy. Widzę, jak człowieka mordują w bramie? Nieciekawe to. Wczoraj w serialu telewizyjnym kogoś torturowali tak, że ciarki chodziły po plecach!

Dlaczego ludzie robią dziwne miny, kiedy mówię:
— Czemuż to narzekacie na rząd? Przecież były wybory, poszliście głosować i ten właśnie rząd sami wybraliście!
Uśmiechają się, eee, mówią, czy byśmy głosowali, czy nie — i tak byliby ci sami, co są.
— Ale skoro wasze głosowanie nie miało, jak twierdzicie, znaczenia, to po co głosowaliście?
— A bo — odpowiadają — straszyli, to człowiek bał się.
— Czego baliście się? Czy znacie przypadek, aby kogoś, kto nie głosował, torturowali albo rozstrzelali?

Nie znają.

Rozmowa toczy się dalej, po jakimś czasie na sali wytwarza się nastrój beztroski, nawet zabawy. Rodzi się on z poczucia, że przecież oni za nic nie odpowiadają. Nikt za nic nie odpowiada, system zwolnił wszystkich z wszelkiej odpowiedzialności. Głosują, bo kazali, strzelają, bo był rozkaz. Człowiek jest wolny, nie dźwiga na sobie żadnego ciężaru, wszystkie decyzje zapadają poza nim i ponad nim, na szczęście nikt go o zdanie nie pyta, nie zmusza do myślenia, nie zmusza do wyboru.

Skoro nie da się pokonać przeciwnika, trzeba go kompromitować. Oto co robią dziś coraz częściej. Ich taktyka: ośmieszać, poniżać, poniewierać. Dawniej — ubierali cię w strój więzienny, dziś — próbują odziać cię w szaty błazna.

Żeby pisać, trzeba wprowadzić się w nastrój skupienia, jaki towarzyszy nam, kiedy zaczynamy wchodzić w tajemniczy bór albo opuszczamy się na dno zatoki, albo metr po metrze zgłębiamy niezbadane lochy. Potem robimy krok następny: opanowuje nas nastrój mistyczny, przekraczamy granicę, wchodzimy w kontakt z tym, co wewnętrzne i co wyższe, z tym staramy się nawiązać łączność, odbierać, odczuwać, zespalać się.

Cmentarz w grudniu: widok nie kończących się alei grobowców skutych mrozem i osypanych śniegiem sprawiał wrażenie takiego stężenia zimna, że chłód paraliżował mnie, nie mogłem oddychać. Mróz na tym cmentarzu był stokrotnie bardziej dotkliwy niż zimno poza jego murami.

Łoże boleści korzonkowej. Ból uświadamia nam naszą fizyczność i że ta fizyczność jest naszym zagrożeniem, jest przeciwnikiem, który chwycił nas w żelazny potrzask. Ból jest degradacją, odbiera siły, gasi energię, ogranicza, a wreszcie zabija myślenie, paraliżuje nam skrzydła, zamienia dusze w puste worki, a ciała w odkryte, odpychające rany. Godfried Ben tak właśnie pisał o cierpieniu — jako o rzeczy wstrętnej, cuchnącej (także Biblia — Hiob).
Kiedy cierpię, jestem na siebie zły, wściekły, jest to słabość, której nie znoszę. Ból jest spodleniem, nie wiem, skąd wzięło się absurdalne powiedzenie, że cierpienie uszlachetnia. Obnoszenie się z własnym cierpieniem i chorobami — to okropność. Choroba jest osobistą porażką, jest przegraną. Amerykanie mają rację, że uważając nasze klęski ciała (choroby, bóle) za rzeczy wstydliwe, zatruwające atmosferę otoczenia i nie mówią o nich, traktując je jako sprawy najbardziej intymne.
Najgorsze w bólu — nie sposób skupić się, nie sposób pracować. Choroba — czas stracony. Zostaje po niej jałowy obszar, miejsce wydrążone.

„Wielkość rozsiana jest skąpo w planie świata". (Schulz)

— Przecież widzisz: nie mają nic do powiedzenia.
— Tak, ale ich siła nie polega na tym, że mają coś do powiedzenia. Ich siła polega na dysponowaniu siłą.

Wystawa notesów-szkicowników Pabla Picassa w Nowym Jorku. Na wystawie, mówi katalog, pokazana jest tylko część notesów, których są podobno setki. Picasso miał zwyczaj „obrysowywać" nowe miejsca, w których się znalazł (np. pokoje hotelowe, widoki z okien tych pokoi itp.) niejako oswajając je w ten sposób, zbliżając się do nich. Szkicowanie było tu nie tylko badaniem nowej rzeczywistości, jej analizą i utrwalaniem, ale i rodzajem porozumienia, paktem przymierza.

Książka, której czytelnicy aktualnie poszukują we wszystkich księgarniach: Jean Orieux — „Wolter". Nikt dziś nie czyta Woltera (jego dzieła, w edycji Molanda, składają się z 52 tomów), natomiast wszyscy uganiają się za jego biografią. Życie pisarza — nie jego książki — staje się prawdziwym tematem i rzeczywistym przedmiotem zainteresowania. Daje to przewagę pisarzom o niezwykłych życiorysach, pisarzom, którzy stworzyli własną legendę (Hemingway, Saint-Exupéry). Piszę nie po to, żeby być czytanym, ale żeby czytano o mnie. Podobnie większym zainteresowaniem niż same dzieła cieszą się wywiady (w prasie, w książkach, w radio i telewizji) z ich autorami. W tym wszystkim przejawia się dążenie współczesnego czytelnika, aby mieć wszystko w jednej pigułce, aby przy minimum wysiłku i czasu poznać twórcę i jego dzieło.

Piero di Cosimo (1462—1521) całe życie spędził we Florencji, Rembrandt — w Amsterdamie, Kant — w Królewcu. Nie ruszać się — jako warunek koncentracji. Zamknięcie we własnym dziele, we własnym świecie jest tak szczelne, tak zupełne, że inny, zewnętrzny świat nie jest potrzebny i na dobrą sprawę — nie istnieje.

W przychodni lekarskiej „Alfa" w Warszawie. Poczekalnia pełna — tłum ludzi. Stoją, siedzą, czekają, w tłoku, w zmęczeniu, w niepewności, w nudzie. Na dziesięciu pacjentów — osiem to kobiety. Ta sama proporcja, czy raczej — dysproporcja, zwraca uwagę w innych poczekalniach. Jednocześnie statystyki mówią, że kobiety żyją 10—15 lat dłużej niż mężczyźni. Dlaczego? Bo kobiety leczą się. Mężczyźni udają zdrowych i silnych (to męskie!) i wcześnie umierają. Kobieta ma silniej rozwinięty instynkt życia (bo to ona przecież daje i tworzy życie), silniej rozwiniętą wolę przetrwania, ona — stojąca na straży domowego ogniska, świadoma, że musi być zdrowa, bo bez niej ognisko to zgaśnie. W tejże przychodni siedziałem czytając opowiadania Katherine Mansfield. Jednocześnie, od czasu do czasu, kątem oka spoglądałem na niezwykle piękną dziewczynę. Była smutna. Potem, kiedy wyszła z gabinetu ginekologa, była jeszcze smutniejsza.

Pisałem wstęp do katalogu wystawy grupy amerykańskich fotoreporterów Contact Press Images. Fotografując, portretując anonimowego człowieka, przez to, że go wyodrębniamy, niejako nadajemy mu nazwisko, czynimy go indywidualnością, osobą, kimś. Stąd wielu ludzi chętnie fotografuje się, pozuje, czuje, że zwróciliśmy na nich uwagę, że ich w ten sposób nobilitujemy. Dobra fotografia: kiedy kadr nie jest skończonym, zamkniętym obrazem, lecz jedynie bodźcem dla naszej wyobraźni, sugestią, w którym kierunku ma ona podążać.

Odległość zabija. Chyba że istnieje nadzieja, że kiedyś rozdzielająca dwoje ludzi przestrzeń zostanie przekroczona, wówczas nawet na odległość mogą oni zachować swój związek. Ale bez tej nadziei — odległość zabija.

Nie lubię posługiwać się magnetofonem. Dla mnie notowanie jest zarazem rysowaniem, jest przeżyciem estetycznym, daje mi poczucie, że tworzę: notatnik jest jednocześnie szkicownikiem, zapisana strona — rysunkiem, obrazem.

    Notować z rozmowy jedno zdanie, jedną myśl, inaczej — zgubi się wszystko. Na przykład J. T. o Amerykanach: „Każdy musi tam ciągle dowodzić, że jest mu wspaniale. Boją się życiowej porażki jak piekła".

Z Warszawy
1987

Świat bierze oddech przed wielką zmianą. Zmiana ta może nastąpić w końcu naszego stulecia. Napięcie wywołane świadomością, że kończy się wiek XX, już wzrasta. Środki masowego przekazu będą to napięcie zagęszczać i wzmagać. Obecna tendencja, najbardziej obiecująca, to wzrost demokracji:

— lata 70-te: upadek dyktatur w Europie (Grecja, Portugalia, Hiszpania) i w Afryce (Amin, Bokasa, Nguabe);

— lata 70-80: stopniowa likwidacja dyktatur i rządów wojskowych w Ameryce Południowej (wyjątek Chile i Paragwaj), w Afryce (Obote), w Azji (upadek szacha w Iranie);

— lata 80-te: okres „Solidarności" w Polsce, początek procesu pierestrojki w ZSRR, powstanie demokratyczne w Birmie, zmierzch konfliktów regionalnych (Afganistan, Angola, Etiopia, Uganda, Czad i inne). Usunięcie Marcosa z Filipin, zwiększenie swobód w Chinach Ludowych.

Trzeci Świat Europy. Traktujemy Trzeci Świat bardziej jako pojęcie kulturowe niż geograficzne czy rasowe. Definicja Trzeciego Świata jest trudna i dyskusyjna, nawet gdy mowa o Azji, Afryce czy Ameryce Łacińskiej. Określenia tego używamy dziś najczęściej umownie dla opisania pewnej sytuacji, jaka istnieje w jakimś kraju czy regionie świata, a którą charakteryzuje m.in.:

— zapóźnienie historyczne albo brak historycznej ciągłości (Amsterdam w XVII w. jest miastem rozwiniętym, podczas gdy większość miast w Trzecim Świecie to w owym czasie najczęściej wioski);

— społeczeństwo chłopskie, zacofane techniki rolne;

— surowcowy charakter gospodarki (często monokulturowy);

— brak samodzielnego bytu państwowego w XIX w.

(kraje rozwinięte umacniają w tym czasie swoje państwa);
— brak nawyków i etosu pracy w strukturach nierolniczych;
— brak silnej, gospodarnej, oszczędzającej klasy średniej (albo jej mała liczebność i biurokratyczny, a nie wytwórczy charakter);
— słabo rozwinięta infrastruktura komunikacji.
Pod wieloma względami Polska jest dla mnie krajem, który zaliczam do wielkiej, zróżnicowanej, barwnej rodziny krajów Trzeciego Świata. Rodziny rosnącej, coraz bardziej ekspansywnej — choćby ze względu na jej zwiększającą się liczebność.

11.6.
Na ulicy U Jazdów spotykam Stryjkowskiego. Idzie żwawym, dziarskim krokiem — drobny, wyprostowany, energiczny. Jakiś czas idę za nim, ledwie go doganiam.
— Wie pan, ile mam lat? — pyta (ludzie starsi, a sprawni i aktywni zawsze zadają to pytanie).
Wiedziałem (82), ale wahałem się z odpowiedzią.
— Jestem z dziewięćset piątego! — odpowiedział z dumą i dodał: — Ale moim powiedzeniem jest — mam tyle lat, ile wszyscy!
Powiedziałem mu, że te ostatnie lata ma bardzo płodne.
— A tak — zgodził się. — Nadrabiam zaległości, miałem przerwę dziesięciu lat, bo nie chciałem pisać socrealistycznie.
— Ach — mówię — jeszcze pan napisze kilka książek. Czekamy na nie.
— Kilka? — zdumiał się nieco, ale sprawiło mu to przyjemność. — Jesteście wszyscy dla mnie bardzo łaskawi.
Powiedziałem, że uwielbiam „Austerię".

— A czy czytał pan „Przybysza z Narbony"? Bo ja lubię raczej „Przybysza z Narbony".
Zaczął padać deszcz. Rozpiął parasol i uniósł go w górę.
— Muszę wziąć pana pod ochronę — powiedział.
Pożegnaliśmy się na placu Na Rozdrożu.
Stryjkowski: dobry, ciągle tykający punktualny zegar szwajcarski — z kukułkami i wahadłami — świetnie utrzymany, w skromnej a eleganckiej szafie, która ma jasną, ciepłą barwę.

13.8.
Umarł Andrés Segovia. Ćwiczył regularnie pięć godzin dziennie. (A propos: Anatolij Rybakow, autor „Dzieci Arbatu": „Żeby napisać, trzeba pisać"). Mając 90 lat, Segovia dawał sześćdziesiąt koncertów rocznie, jeżdżąc po świecie.

„To świat stał się afabularny, zburzył mniemanie o swojej spoistości i ciągłości". (Czyje to?).

Film dokumentalny o latach okupacji: jak Francuzi kolaborują z hitlerowcami (francuska elita, pisarze, artyści). Przyjęcia w ambasadzie Niemiec w Paryżu, SS na widowni w teatrze, chór z Monachium daje koncert na placu Opery.
Moją uwagę zwróciło nie to, że Chevalier śpiewa dla Wehrmachtu, ale coś innego: jak Niemcy kokietują Francuzów, jak zabiegają o ich względy. Nas nie kokietowali. Paryż był dla nich Europą, tam była kultura — my byliśmy barbarią, bydłem, dziczą, którą trzeba uwiązać do kieratu, a potem spalić. Faszyzm był rakiem kultury zachodniej, tak jak stalinizm był rakiem Wschodu. Faszyzm

(wysoka organizacja, wyczyszczone buty) był produktem Zachodu, stalinizm (ponurość, szarość, brud) — Wschodu.

Dla Hitlera Żydzi byli produktem Wschodu, „zalali" Europę napływając z Rosji, z Polski, z Galicji, byli wschodnim barbarzyństwem, jego najbardziej wynaturzonym odłamem.

Pamiętam, od czego zaczynają Niemcy, kiedy wiosną 1940 przekraczamy w Brześciu granicę (idziemy do Generalnej Guberni, gdzie był mój ojciec). Otóż Niemcy prowadzą najpierw naszą kolumnę do prowizorycznie zrobionej łaźni, gdzie odbywa się kąpiel i odwszanie.

Film ten uświadomił mi jeden z możliwych motywów naszego poparcia dla władzy powojennej, mianowicie — hasłem Hitlera była m.in. walka z bolszewią. Dla nas, dzieci jeszcze, rozumowanie było proste: skoro Hitler walczy z bolszewią, musi ona być rzeczą dobrą, wartą poparcia. Oto jak następowało identyfikowanie się z bolszewią, czego ktoś, później urodzony, może już nie pojmować (tak jak nie będzie rozumieć, że jedną z zasadniczych cech sytuacji totalitarnej jest zablokowanie informacji już na poziomie jednostki: człowiek milczy, widzi i wie, ale milczy. Ojciec boi się powiedzieć synowi, mąż — żonie. To milczenie albo mu nakazują, albo wybiera je sam, jako strategię przetrwania. Ci, którzy przeżyli stalinizm, i ci, którzy dowiadują się o nim z książek i opowieści, nie mogą zrozumieć się, ponieważ żyli na zupełnie różnych poziomach informacji), nie tylko chodzi o to, że ktoś nie wiedział, ale także, że wolał nie wiedzieć, albo — nie chciał wiedzieć: zadać pytanie nie uzgodnione, nielubiane przez władzę, było aktem samobójczym. Instruktor ZMP musiał zdawać zarządowi relację z zebrań podając nie tylko, jakie były wypowiedzi, ale kto i jakie zadawał pytania.

14.8.
Przeczytałem Jarosława Haška „Historię Partii Umiarkowanego Postępu (w Granicach Prawa)". Świetna i bardzo haszkowsko-szwejkowska. Jakże pogodna, zabawna i otwarta jest w tej książce Europa Wschodnia roku 1911! Jedzą, piją, lulki palą w Pradze, na Węgrzech, w Sofii i Wiedniu.
Hašek: ur. 1883 — zm. 1923
Kafka: ur. 1883 — zm. 1924
Rzadko zwraca się uwagę, że byli to rówieśnicy mieszkający i piszący w tym samym czasie, w tym samym mieście — a jednak tak różni! Jasny, ciepły, jowialny Hašek i zamknięty, mroczny, przejmujący Kafka. Ich światy tak inne, ich wyobraźnie — dwie odrębne planety.

Anin: mając do wyboru piękny i pusty las albo małą, zatłoczoną kawiarenkę — wybieram kawiarenkę. Może dlatego, że dla mnie muzyką inspirującą jest ludzka mowa, a nie szum strumyka czy drzew. Moim lasem są ludzie.

Jakiś Amerykanin mówi w Głosie Ameryki: „Trzecia wojna światowa już się rozpoczęła. To wojna między ludźmi a środowiskiem. Pochłania rocznie miliony ofiar" (cisza towarzysząca tej śmierci bez rozgłosu, bez dzwonów).

Odnalazłem notatki z mojego spotkania w KIK-u we Wrocławiu (24.10.1986). Mówiłem o wrażeniach z Międzynarodowego Kongresu PEN w styczniu 1986 w Nowym Jorku:
— podział pisarzy wyraźny, odczuwany nawet w języku, na Zachód, Wschód i emigrantów;
— upolitycznienie literatury. Mało sporów literackich,

ich miejsce zajęły spory polityczne, obrady plenarne przypominały sesje ONZ. Pisarze — politycy: Grass, Llosa, Bellow;

— rozwija się dwunurtowość literatury. Jeden nurt to rodzaj serialu TV (literatura zjadana przez telewizję); drugi — eseizacja (fabuła, intryga, anegdota tylko pretekstem, ramą);

— dominacja języka angielskiego, jako języka światowego. Nawet francuski laureat Nobla — Claude Simone — wygłaszał przemówienie po angielsku.

Obraz świata, jaki się dziś rysuje:

— Zachód: słabe postrzeganie Wschodu. Wschód dla nich — to egzotyka, to coś, co leży bardzo daleko, to dziwoląg. Rosnąca przepaść cywilizacyjna;

— Zachód: USA, Kanada, Europa Zachodnia stają się wielorasowe, wielokulturowe, wieloreligijne, słowem — pluralistyczne na wszystkich polach. Afrykańscy Amerykanie, muzułmańscy Niemcy, indonezyjscy Holendrzy itd.;

— konflikty w Trzecim Świecie — 14 wojen. Ponad 13 milionów umiera rocznie z głodu i niedostatku;

— Europa Zachodnia. Część opinii obawia się — bardziej niż komunizmu — nowej ekspansji islamu, nowego Poitiers (732), w postaci terroryzmu, narkotyków, nowego proletariatu (np. Magrebczycy we Francji);

— Atlantyk — Pacyfik. Przesuwanie się osi cywilizacyjnej w kierunku Pacyfiku. Tę nową cywilizację charakteryzować będzie elektronika, informatyka, a więc płody bardziej umysłu niż ducha (te ostatnie były cechą cywilizacji atlantyckiej i śródziemnomorskiej).

17.8.
Książka Joanny Siedleckiej o Gombrowiczu — „Jaśniepanicz". Książka napisana z kobiecą drobiazgowością, a zarazem mądra, wrażliwa. Autorka ma świetny słuch i je-

żeli mu zawierzyć — lud w jej relacjach mówi pysznym, barwnym językiem, natomiast język inteligencji jest bezosobowy, standardowy, „wyrównany".

Stosunek ludu do twórczości artystycznej — ironiczny, nawet pogardliwy. Styl życia Gombrowicza określają jako próżniactwo, jako „obijankę". Dla nich jedyną wartością i miarą jest praca fizyczna, którą można wymierzyć ilością godzin bądź ilością przeoranych skib. To w części objaśnia, dlaczego czerń w czasie rewolucji tak ochoczo niszczyła dzieła sztuki — bo to był wymysł, zbytek, kaprys możnych.

Z tej książki można również wyczytać wiele o polskim stosunku do pracy. Matka Gombrowicza, która żyje do 87 lat, przez całe życie nie nauczyła się nawet zaparzyć herbaty. Niewielu z jej otoczenia pracuje — większość nic nie robi. Pracuje ciemny lud. Stąd pracy tej brak myśli, organizacji, kultury, etosu.

Powtarza się uwaga tych, którzy znali Gombrowicza, że często obserwował w lustrze swoją twarz, przyglądał się jej. Ale obserwował też dokładnie twarze innych. Większość ludzi nie mogła mu się podobać. To zrozumiałe — kiedy zaczynamy drobiazgowo obserwować czyjąś twarz, ta twarz brzydnie, ponieważ jej poszczególne części, fragmenty, rysy zaczynają żyć własnym życiem, konkurować ze sobą, walczyć, przepychać się (albo kryć wstydliwie), a przez to dochodzi do przerysowania, skłócenia, deformacji.

Rozmówcy autorki — ich skłonność, aby oceniać człowieka na podstawie pierwszego wrażenia, jakiego nam dostarcza w czasie pierwszego spotkania, w czasie pierwszej spędzonej z nim chwili (waga tego momentu podkreślana przez Schopenhauera). A przecież nie sposób utrzymać pełnię formy przez cały czas — zdarzają się chwile słabości, chwile upadku. Okazuje się, że one nigdy nie będą wybaczone. Okazuje się, że dla współczesnych postawa, zachowanie stoi przed dziełem!

18.8.
Kiedy pisanie idzie źle, wszystko w tym pisaniu jest złe. Nie tylko całość nie ma blasku i siły, ale i pojedyncze zdania są nieudolne, niezgrabne, pełno w nich błędów gramatycznych i nawet — ortograficznych.

20.8.
Goethe w swojej „Podróży włoskiej" chwali zalety tropiku. Pod datą 5 lipca 1787 notuje: „Upały są okropne, (ale) czuję się znakomicie. Skwar rozpędza wszelkie płynne humory, wyrzuca wszystkie kwasy z organizmu na skórę, ja zaś wolę, kiedy mnie swędzi, niż żeby miało rwać lub kłuć".

„To, co wywarło pierwsze wrażenie, wydaje się w pewnym sensie niezniszczalne". (Montesquieu)

Chińska pisarka Nien Cheng („Life and Death in Shanghai") w czasie rewolucji kulturalnej przebywa w więzieniu. W jej celi jedyną żywą istotą jest pająk. Snucie sieci przez tego pająka dodaje jej siły. Pająkiem kierował naturalny instynkt przetrwania. „Muszę robić to samo" — myślała Nien Cheng.

23.8.
Reportaż z wystawy obrazów Salvadora Dali w Gdańsku. Wywiady z ludźmi, którym reporter zadaje jedno pytanie: „Co panu mówi nazwisko Salvador Dali?" Nie wiem, czy było to zamysłem autora, ale jedno uderza w tych wywiadach: istnienie dwóch kultur — elitarnej i masowej, bez żadnych szczebli pośrednich, tj. z jednej strony ludzie, którzy mówią o malarstwie Dali ze znajomością

przedmiotu, swobodnie, refleksyjnie, z drugiej natomiast ci, którzy wzruszają ramionami, ponieważ nigdy takiego nazwiska nie słyszeli. I nikogo pośrodku! (Obie te klasy mówią też różnymi językami).

Sytuacja „o krok od", „a przecież tak niewiele brakowało", „wystarczył jeden ruch, jedno słowo" — te sytuacje dochodzenia do granicy, ale nieprzekraczania jej, są naładowane emocjami, najbardziej pasjonujące.

Burundi:
1.7.1962 — niepodległość.
Październik 1966 płk Michael Mikombero obalił króla Ntare V i ogłosił republikę.
1972—73 rewolty Hutu. Ginie 300 tysięcy ludzi. Mikombero (Tutsi) zabijał wszystkich Hutu „od matury wzwyż".
Październik 1976 płk Jean-Baptiste Bagaza obalił Mikombero.
Wrzesień 1987 mjr Pierre Buyoya obalił Bagazę. Bagaza był w tym czasie w Kanadzie. Wielu przywódców Afryki utraciło władzę w czasie pobytu za granicą: Nkrumah (Pekin), Obote (Singapur), Gowon (Kampala) itd. Dlatego Jomo Kenyatta, od kiedy został premierem, a potem prezydentem Kenii, nigdy nie wyjechał za granicę.

Zło zwracające się przeciwko wszystkim, z jego nosicielem łącznie.

B. mówi mi o swoich sukcesach zagranicznych: „Wie pan, w Toronto już, już wystawiali mi sztukę, niestety, cofnięto im dotacje, w Chicago byli już przed próbą generalną, ale w ostatniej chwili telewizja podkupiła głównego aktora, w Detroit sprawa jest pewna — premiera za rok, dwa, prowadzę też rozmowy w Dallas, wygląda, że rzecz będzie załatwiona, wie pan, w Texas oni mają pieniądze i ambicję, więc jest szansa itd." cały jest w marzeniach, w złudzeniach, w wishful thinking.

14.10

Swoboda i możliwość wyboru ożywiają, wzmacniają, rozwijają jednostkę i społeczeństwo. Taki jest wynik badań prof. Judith Rodin z Yale przeprowadzonych w jednym z domów starców.

Helen Roseveare w książce „Bóg dał nam dolinę" (Pax 1982) opisuje zdarzenie w Zairze, w czasie powstania Simbów (lipiec 1965), kiedy czarny lekarz, Zairczyk — John — dokonuje czynu takiego, na jaki zdobył się Ojciec Kolbe. Sześciu uczniom Johna schwytanym przez rozwydrzone, bestialskie wojsko grozi rozstrzelanie. Taki rozkaz wydał właśnie płk Yossa. I wówczas „John, wyprostowany jak struna, przecisnął się przez grupę uczniów stając przed pułkownikiem Yossą.

— Panie pułkowniku — odezwał się z całym szacunkiem, ale głosem pełnym godności. — Czuję się odpowiedzialny za tych młodych ludzi. Proszę mi pozwolić umrzeć zamiast nich.

Zapadła pełna napięcia cisza". (s. 29)

14.11.

Na koncercie Orkiestry Symfonicznej Izraela (dyrygował Zubin Mehta). Koncert skrzypcowy Czajkowskiego grał Perlman. Poza tym kompozytor izraelski — Kamiński — i II Symfonia Brahmsa. Teraz przesłuchałem tę symfonię w wykonaniu orkiestry leningradzkiej pod dyrekcją Mrawińskiego. Interpretacja Mrawińskiego śpiewna, liryczna, rosyjska, trochę staroświecka, ale bardzo „czuła". Mehta był gwałtowny, dramatyczny, to były lawiny dźwięku, oszałamiające!

Prawo normalności Izraela Shahaka (w „NY Review"). Każda społeczność w każdej sytuacji dążyć będzie do stanu normalności, do przywrócenia, za wszelką cenę, bodaj pozorów normalnego życia.

14.11.
W TV program o Włodzimierzu Wysockim. Wysocki — nieustanne spalanie się, najwyższe, stale napięte c. Okudżawa o nim: „Grzeszył, żyjąc tak szybko". Rosja: „Sześć lat — mówi w wywiadzie jego żona — nie mieliśmy gdzie mieszkać". Zmarł 25 lipca 1980.

Powinniśmy patrzeć na nasz los, na naszą przyszłość z szerszej, światowej perspektywy, uwzględniać jej meandry i konfiguracje. Ilekroć próbowaliśmy samotnie brać los w nasze ręce, zawsze przegrywaliśmy. Niepodległość w 1918 zdobyliśmy dzięki korzystnej koniunkturze międzynarodowej. Nie tylko nasza narodowa wola, ale i układ sił światowych zdecydowały o kształcie Polski po drugiej wojnie światowej. I o dalszej przyszłości kraju będą w dużej mierze decydować przemiany na naszym globie.

24.11.
Redakcja „Gazety Młodych" prosi o odpowiedź na pytanie (ankieta): „Jaką ważną dla nas, dla naszej historii i teraźniejszości książkę, dotychczas jeszcze nie napisaną,

należałoby — Pańskim zdaniem — szybko napisać i wydać?"
Ba!

2.12.
W październiku u Wajdy. Chce, abym opowiedział mu o rewolucji na Zanzibarze (styczeń 64), — zrobi o tym film. Włącza magnetofon. Zaczynam od charakterystyki sytuacji w Afryce Wschodniej w tym czasie, od układu sił — ale to go nie interesuje. Mówi: „Najpierw osoby. Kto bierze udział w twojej historii. Nazwiska, charakterystyki. Didaskalia". Na poczekaniu muszę zmienić sposób myślenia, sposób patrzenia, formowania rzeczywistości. Więc — myśleć scenami, myśleć postaciami.

4.12.
K. opowiada mi historię wyrzucenia dyrektora jej instytutu. Dogmatyka i zamordystę wyrzucili za liberalizm! Oczywiście, że to absurd, ale mechanizm tego absurdu — ciekawy. Dowodzi on, jak logika stalinowska rządzi systemem. Walka ma charakter wyłącznie klikowy, ale klika walcząc posługuje się zawsze argumentacją dogmatyczną, stalinowską. Klika nigdy nie użyje argumentu liberalnego, tj. dogmatyk nigdy nie będzie usunięty za dogmatyzm. Dogmatycy będą zwalczać dogmatyka jeszcze bardziej pryncypialnym i namaszczonym dogmatyzmem.

Teraz, opowiada dalej K., kiedy go wykończyli, wielu mówi z żalem, że odszedł. Są gotowi zapomnieć mu różne rzeczy. To też ciekawe. Bo wszelka zmiana personalna jest u nas przyjmowana jako zmiana na gorsze. „Tu dobrze nie może być, tu może być tylko gorzej" — jak powiedział mi kiedyś profesor Bazylow. Stąd swoisty konserwatyzm społeczeństwa, które chce uchronić się przed zmianą, obawiając się, że każda zmiana może być tylko pogorszeniem. Pesymizm tego konserwatyzmu.

„Nigdy tak wielu nie było manipulowanych przez tak nielicznych". (Aldous Huxley)

Milan Kundera w rozmowie z Bernardem Pivot (Laffort, Paryż 1985): „Musil i Broch obciążyli powieść ogromnymi zadaniami (...) powieść mobilizuje dziś wszystkie formy i całą wiedzę, aby objaśnić egzystencję". I dalej: „Powieść pomyślana jako wielka synteza automatycznie stawia problem polifonii". Przykład — „Lunatycy" Brocha składają się z następujących form:
— opowiadanie
— reportaż
— wiersz, opowieść poetycka
— esej filozoficzny (język naukowy).

Kundera konkluduje: „Powieść jest rozmyślaniem nad istnieniem, tak jak je postrzegają postacie fikcyjne. Jej forma jest wolnością, której nic nie ogranicza".

Pisarka węgierska Anna Jokai w rozmowie z Grzegorzem Łubczykiem („Życie Warszawy" 12.12.): „Piszę coraz mniej, ale Janos Pilinsky mówił — nie jest ważne, ile razy ptak uderzył o powietrze skrzydłami, ważne jest, jak wysoko się wzniósł".

15.12.
Cyril Connoly — „The Unquiet Grave". Temat książki — pożądana postawa pisarza. Autor stawia pisarzowi najwyższe wymagania, a jego życie traktuje jako powołanie, jako misję. Celem pisarza ma być dążenie do arcy-

dzieła, pisanie arcydzieł. Tworzyć jedną wybitną książkę co dwanaście lat — jak Flaubert. Sztuka, literatura muszą mieć „a withdrawn quality". Życie pisarza powinno być „a continual self-sacrifice". W sztuce trzeba mieć i charakter, i fanatyzm. Wszystko sprowadza się do umiejętności powiedzenia NIE. Connoly żąda, aby pisarz żył w izolacji, w ascezie — osobny, zamknięty.

Rola błazna w historii. Historia niemożliwa bez błazna, każda władza ma swoich błaznów. Błazen poważny (ale błazen). Zalety błazna — nie zagraża, nie walczy o władzę. Krytykuje, ale jest to krytyka przesiana przedtem przez sita autocenzury, manna kasza zaprawiona ledwie odrobiną soli — ma smak.

W biurze impresariatu „Studio". Podeszła dziewczyna, przedstawiła się — jestem córką Honoraty Kostkiewicz. Honorka! Była moją sympatią w czasie studiów, urocza, pełna ciepła, jasna. Umarła cztery lata temu na raka. W 1984 mogła uratować ją operacja. Ale komendant więzienia, w którym była internowana za to, że w swoim liceum — Rejtana — uczyła historii prawdziwej, nie zgodził się zwolnić jej do szpitala. (Marysia, córka Honorki, jakże do niej podobna!) W tym samym biurze, w chwilę później, podeszła inna dziewczyna. Znamy się pośrednio — powiedziała podając mi rękę — jestem córką Andrzeja Kaima. A co u ojca? — spytałem odruchowo. Ojciec nie żyje od kilku miesięcy — odparła — rak. Miał 53 lata, był inżynierem. Przeżył szok po ogłoszeniu stanu wojennego. Stan wojenny ciągle pochłania swoje ofiary.

grudzień

Umarł James Baldwin. Poznałem go w Londynie, kiedy w marcu przyszedł do Royal Court Theatre, żeby zobaczyć mojego „Cesarza". Siedziałem przed przedstawieniem w gabinecie dyrektorki teatru — Jo Bedoe. Baldwin zjawił się z młodą dziewczyną, która była jego sekretarką, przewodniczką — nie wiem kim. Drobny, niemal chudy, twarz pomarszczona, duże wyraziste oczy. Był pijany. Jo miała w swoim gabinecie dobrze zaopatrzony barek. Otworzyła go i spytała: „What will you have, James?" Baldwin zawahał się przez moment, a potem odpowiedział: „Let me have a glass of whisky before I collapse". Jo nalała mu pół szklanki scotcha, z którą Baldwin potoczył się w stronę widowni.

Marcus Garvey zmarł w 1940 roku w Londynie. Działacz i ideolog czarnych z Jamajki. Twórca rastafarizmu. Wierzył, że rasa czarna jest rasą najczystszą i że będzie panować nad rasą białą. Chciał stworzyć w Afryce królestwo czarnych. W 1920, w Nowym Jorku, na Kongresie Czarnych Ludów Świata wybrany Provisional President of Africa.

22.6.

Sen:
    widzę lecący helikopter, który przewozi wieżę kościoła (helikopter ten nie ma poziomego śmigła). Wieża — kamienna, wysoka, zdobna we fryzy — jest umieszczona na dachu helikoptera (wieża i helikopter tworzą całość). Jest jasne, czyste, letnie niebo. Stoję z Kubą na krańcach jakiegoś miasta. Helikopter leci z ogromną szybkością i nie zwalniając schodzi do lądowania. Robi wiraż — i w tym momencie przechyla się, gwałtownie traci równowagę i obraca się kołami do góry. Wieża odrywa się i rozpa-

da w powietrzu na kawałki. Śmigłowiec też rozlatuje się nad ziemią, na miasto lecą szczątki wieży i maszyny.
(Poprzedniego dnia J. opowiadał mi szczegóły katastrofy lotniczej IŁ-62 pod Warszawą).

Pisanie: chodzi o to, żeby zdobyć się na pierwsze, najprostsze zdanie. Zdanie z elementarza, ono cię uratuje, pociągnie następne.

Myślałem, żeby napisać historię człowieka żądnego wiedzy, ambitnego samouka, który przebywa w wielkiej bibliotece i miota się od książki do książki, bo wziął do ręki „Tragedie" Eurypidesa, ale to nasunęło mu od razu potrzebę czytania „Narodzin tragedii" Nietzschego, a Nietzsche logicznie skojarzył mu się z Dostojewskim, Dostojewski to prosta droga do Sołowiewa, stąd — do Bizancjum, od Bizancjum prawem inności — do renesansu, więc „Historie florenckie", „Dzieje papieży", Leonardo, Vasari itd., itd., aż nasz bohater wpada w obłęd, w szaleństwo.

22.6.
Wieczorem w „Adekwatnym" premiera „Jeszcze dzień życia" (adaptacja i wykonanie — Henryk Boukołowski). Aktorstwo Henryka — świetne. Sala pełna. Dużo młodzieży.
„Jeszcze dzień życia" ma dwie warstwy wzajemnie przenikające się, egzystencjalną — los człowieka (reportera) skazanego na udział w wojnie absurdalnej, pomylonej, stale zagrożonego, niepewnego, czy dożyje jutra. Los człowieka w conradowskim jądrze ciemności, wplątanego w obłęd świata. Jednocześnie ten człowiek pracuje, jeździ,

zbiera informacje, pisze relacje frontowe. To warstwa zdarzeń wojennych, których jest świadkiem. Otóż adaptacja Boukołowskiego obejmuje tylko ten drugi wątek, tę drugą warstwę, a chciałbym, aby zmieścił się w niej również ów wątek pierwszy — dramat człowieka zagubionego.

Telefony. Popadłem już w taką fobię telefoniczną, że nawet w domu, w którym nie ma telefonu, słyszę jego dzwonek. W końcu zatkałem uszy watą. Ale i to nie pomogło. Dzwonek dzwonił wewnątrz mnie, w moim mózgu, jego dźwięk rozsadzał mi czaszkę.

Teatr:
 przeżywamy tak intensywnie dobre widowisko sceniczne, ponieważ mamy świadomość, że jest ono ulotne, że za chwilę się skończy. A to, co ulotne, najbardziej pragniemy utrwalić.

Moja fascynacja formą zeszytów, notatek, zapisków, fragmentów, „worków". Teraz czytam „Zeszyty" Simone Weil („Oczyszczenie w postępie ku dobremu").

Lucien Lévy-Bruhl (1857—1939). Francuski filozof, socjolog, etnograf. Twórca teorii myślenia pre-logicznego. Sposób myślenia ludów pierwotnych — twierdził — jest odmienny od myślenia ludów cywilizowanych, bo (w tym pierwszym wypadku) nie obowiązują prawa logiki formalnej.

Kościuszko, obrońca, a potem mieszkaniec Filadelfii, przyjaciel prezydenta Jeffersona. W latach 1801—1815 mieszka we Francji w Berville. Hoduje róże. Pije dużo kawy. Zaleca kochać wszystkich ludzi na świecie.

Lektura książki Jana Lubicz-Pachońskiego pt. „Kościuszko po Insurekcji" (Wyd. Lubelskie 1986). Mylący, rozpowszechniany u nas wizerunek naczelnika w sukmanie na czele kosynierów. A przecież Kościuszko to polityk, który prowadzi rozmowy z carem Rosji Pawłem I, przyjaźni się z prezydentem USA — Jeffersonem, jest honorowym obywatelem Francji, rozważa plany niepodległości Polski, odrzucając koncepcje Napoleona (tj. koncepcję Księstwa Warszawskiego), dyskutuje z Pestalozzim problemy oświaty, pisze na zamówienie Amerykanów dzieło o artylerii konnej (rzecz na owe czasy szalenie technologicznie nowoczesna). Jest jednym z najwybitniejszych obywateli świata, to ciekawe, jak w polskim myśleniu takie rzeczy nie mają większego znaczenia.

Czytając Lubicz-Pachońskiego widać, że Kościuszko po wyjściu z niewoli rosyjskiej nigdy się już fizycznie ani psychicznie nie podźwignął. Ta niewola złamała go, Rosjanie nie tylko zdruzgotali mu nogę — przetrącili jego kręgosłup. Ostatni obraz reprodukowany w książce pokazuje go siedzącego na ławce w parku w Berville i rozmawiającego z bawiącymi się dziećmi.

Jurij Afanasiew, dyrektor Instytutu Historii AN ZSRR, w wywiadzie dla jugosłowiańskiego tygodnika „NIN". „Ateizm — mówi — stosowano wobec religii, natomiast podejście religijne — wobec Stalina". I jeszcze: „Polityczne różnice zastąpiono kryminalnymi zarzutami".

Stalin i jego armia.
Generalissimus zamordował:

z 5 marszałków	— 3
z 5 d-ców armii I stopnia	— 3
z 10 d-ców armii II stopnia	— wszystkich
z 57 d-ców korpusu	— 50
z 186 d-ców dywizji	— 154
z 16 komisarzy armii	— wszystkich
z 28 komisarzy korpusu	— 25
z 64 komisarzy dywizji	— 58
z 456 pułkowników	— 401

(Gen. A. Todorowski, „Ogoniok", lipiec 1987)

Wywiad z Bernardem Pivot („Apokryfy"): „Literatura dziś — to trochę wszystkiego".

Od 1950 liczba ludności świata podwoiła się.

Husserl: „Refleksyjne wczucie się w..."

Historia wydarzeniowa czy teoria długiego trwania (Fernand Braudel). Szukać interakcji między tymi dwoma procesami.

John E. Pfeiffer — „The Creative Explosion". Sztuka powstaje 30 tysięcy lat temu. Nic nie zapowiada jej nadejścia, nic jej nie poprzedza.

Zegadłowicz: nienasycenie — to wyróżnia twórczą jednostkę.

Kobieta robi na mnie wrażenie kogoś bardziej dojrzałego niż mężczyzna. Ilekroć poznaję najpierw kobietę (nawet młodą), a potem jej przyjaciela lub męża, mam wrażenie, że to jej młodszy brat, czasem wręcz — że syn.

Sclavus saltans — niewolnik tańczący.

Często, aby uwiarygodnić swój tekst, musisz dołączyć swój życiorys. Tekst jest dziś jakby połową przekazu, którego jesteś źródłem. Piszesz o potrzebie odwagi? Musisz — poza tekstem — dać dowód, że sam byłeś odważny.

Cella continuata dulescit — cela, którą opuszczamy rzadko, staje się miła. Żyjąc, jakąś część energii przekazujemy otoczeniu — ludziom, ale także i rzeczom, oswajamy je, kształtujemy. W końcu owo otoczenie staje się częścią nas, naszym dodatkowym wymiarem. Rzeźba. Ciągle rzeźbimy nawet nie używając dłuta. Spójrzcie na pracownie malarzy, na gabinety pisarzy. To latami tworzone kompozycje, scenografie, kolaże. Jeżeli są to dzieła naszego autorstwa, związujemy się z nimi, czujemy ich ciepło. To twierdze, w których jesteśmy bezpieczni i które opuszczamy bez entuzjazmu.

Wieże Oxfordu w chłodnym, przymglonym, pastelowym słońcu (jest 11 marca), zielone łąki środkowej Anglii, jadąc płynie się w jasnej poświacie, w powietrzu opalizującym i bardzo lekkim —
                    daje to wrażenie unoszenia się, łagodnego lotu.

15.5.
Z Krysią Zachwatowicz żałujemy Kota Jeleńskiego. Mówię, że widziałem go ostatni raz na obiedzie u Brandysów w Paryżu w 1985. Był pełen ciepła, spokoju, mądrości. Marcin Król określił go pięknie — twórcą międzyludzkim. Bez takich ludzi sztuka nie mogłaby istnieć, ponieważ twórcy siedzą zamknięci, każdy w swojej celi, a na domiar często nie mają wspólnego języka. A ci właśnie łączą, zestrajają nas wszystkich piszących, malujących, komponujących.

16.5.
Wieczorem u Tadeusza Nowaka. Byli: Kuśniewicz, Myśliwski, Grześczak. Kuśniewicz nie zmieniony od lat, odkąd go pamiętam — drobina fizyczna, ale drobina zwarta, sprężysta, iskrząca się.

17.5.
U Włodzimierza Ledóchowskiego w Leśnej Podkowie. Dominik Horodyński: „Pies rasowy to degenerat. Musi być domieszka kundla!" Widzę w tym świetną definicję literatury: w każdej książce musi być domieszka grafomanii. Najlepszym przykładem — Dostojewski.

18.5.
Spotkanie z Brzezińskim. Głosy warszawskie — pesymistyczne. Brzeziński natomiast określa siebie jako historycznego optymistę. Mówi, że w tej chwili rewolucja w Polsce oznaczałaby klęskę, ewolucja zaś może dać zwycięstwo. Jego plan dla Europy: przyszłość należy do nominalnych tylko sojuszników po obu stronach barykady. Dla Zachodu — RFN, dla Wschodu — Polska i Węgry.

Tj. przyszłość widzi w ewolucyjnym rozmiękczeniu, w rozmiękczaniu Jałty.

Prawdziwy sąd to sąd po latach, czasem — wieki później.

Kaufman (korespondent „The New York Times") opowiadał mi, przerażony, jak próbował dowiedzieć się czegoś po katastrofie IŁ-62. Nikt nic nie chciał powiedzieć, wszyscy bali się, odsyłali go wyżej, ale ci wyżej odsyłali go jeszcze wyżej.

Dążenie tych ludzi, dążenie za wszelką cenę, żeby być nikim i niczym, żeby żyć, ale zarazem nie istnieć podmiotowo — trwożliwa, rozdygotana ucieczka w anonimowość, w nie-byt, w bez-twarz.

19.5.
U Ludki Skulskiej wieczorem opowiadam kolegom o wystawionym w Londynie „Cesarzu". Bałem się porażki tej sztuki. Klęska książki jest cicha, zła książka znika nie zauważona z półek, ginie bez śladu w magazynach. Klęska sztuki dokonuje się z hukiem, staje się niemal publicznym skandalem.

20.5.
Z J. rozmowa o zagrożeniach. Historia nakłada na nasz kraj nadmierne ciężary, coraz trudniej im sprostać. Mimo wysiłków obniża się poziom egzystencjalny, poziom myślenia, odporność na zło, na tandetę, na powszechne niechlujstwo i otępiałość.

22.5.
Przyjechał z Pragi mój przyjaciel i tłumacz — Dušan Prowažnik. Dušan nie zmienia się — ten sam dobry, poczciwy Czech, o dużym ładunku filozofii szwejkowskiej. Jest to filozofia, którą ogrzewa lekki, nieco ironiczny uśmiech, a której dążeniem najbardziej podstawowym jest — przeżyć.

23.5.
Z filozofem Jerzym Łozińskim. Przyniósł mi wydany pod jego redakcją II tom „Szkoły frankfurckiej". Mówi o swoich studentach — są bierni, milczą. To pewne, że system autorytetu narzuconego budzi ich sprzeciw, ale czego chcą?

Zwraca uwagę na różnicę między angielską i kontynentalną szkołą w filozofii. W angielskiej punktem wyjścia jest człowiek — strefa polityczności, choć konieczna, nie stanowi sama w sobie dobra. W filozofii kontynentalnej punktem wyjścia jest ogólność — Bóg, historia, prawo. W tej ogólności znika człowiek jako jednostka. Przyznanie tej ogólności i jej wymogom roli nadrzędnej kryje w sobie zagrożenie totalitarne.

Słabość ludzi: skłonność do eksterioryzacji zła. Zło jest na zewnątrz — to inni.

Sytuacje totalitarne stawiają człowiekowi wysokie, niemal nadludzko wysokie wymagania etyczne. Niewielu może im sprostać, przejść próbę piekła.

O Blochu: jego kategoria tego, co „jeszcze nierzeczywiste", np. nadzieja. Fenomenu człowieka nie da się wytłumaczyć zadowalająco, ponieważ jest on (człowiek) nie tylko bytem definiowalnym, ale także wyobraźnią, także alogicznością, także utopią. Nie można zamknąć go w programie komputera, ponieważ człowiek to także ktoś poza programem, ktoś — właśnie — niedefiniowalny.

Słowem, o istocie individuum decydują właściwości nie dające wyrazić się językowo.

23.5.
W południe pogrzeb ofiar katastrofy lotniczej IŁ-62. Olbrzymi tłum przyglądający się obrządkowi, skupiony. Przechodzą żołnierze z wieńcami, stewardesy niosące odznaczenia poległych, kompania honorowa, wreszcie piętnaście szarostalowych trumien na ramionach lotników.

Tłum stoi, czeka na najważniejsze: oto zaczynają przechodzić matki, żony, bracia i siostry tych, którzy zginęli w katastrofie. Tłum patrzy. Jest w nas jakaś niesamowita, przerażająca, trudna do opanowania potrzeba spojrzenia w twarz nieszczęściu, które nie jest moje.

Wysunąłem się ze ściśniętych, napierających szpalerów. Ruszyłem w stronę bramy. I wtedy zobaczyłem widok, który wstrząsnął mną najbardziej. Na skraju alei cmentarnej stała dziewczyna. Stała tyłem do tłumu, do konduktu, do przesuwających się wysoko trumien. Stała piękna, nieobecna, porażona rozpaczą, skamieniała. Czarny obelisk.

Jose Lezama Lima w swoim „Autoportrecie poetyckim" definiuje zjawisko wizerunku. Wizerunek to to, czym nasza wyobraźnia dopełnia naturę. „Wizerunek jest nieustannym dopełnianiem tego, co współwidziane i słyszane jedynie na poły". Więc realizm magiczny to nie tyle dodatkowy wymiar rzeczywistości, co rzeczywistość przemieniona i już inna.

Podróż jako źródło inspiracji, jako temat i jako twórczość. Marco Polo, Humboldt, Goethe, Twain, tysiące innych. Trzeba dojrzeć do podróżowania — podróż to coś więcej niż przemieszczanie się z miejsca na miejsce, niż turystyka (właściwie rozwój turystyki, jak umasowienie każdej wartości, zbanalizował, zwulgaryzował sacrum podróży). Podróż to owocne przeżywanie świata, zgłębianie jego tajemnic i prawd, szukanie odpowiedzi na pytanie, które on stawia. Tak pojmowane podróżowanie jest refleksją, jest filozofowaniem.

Władysław Bartoszewski — „Dni oblężonej Warszawy": w przeddzień wybuchu powstania panuje powszechne przekonanie o łatwym zwycięstwie.

Weszliśmy w okres przygotowań do XXI wieku. Rząd Japonii proponuje program badań podstawowych w skali światowej pt. „Nowe granice ludzkości". Czas trwania programu — 20 lat, koszta — 6,2 miliarda dolarów. Dwa tematy:
    przetwarzanie surowców i energii,
    przetwarzanie informacji.
Głównie chodzi o badanie technik mikromanipulacyjnych na poziomie komórki. Mowa jest też o badaniu złożonych mechanizmów takich, jak zdolności twórcze, myśl, pamięć, zdobywanie wiedzy, a także badanie innych procesów, np. postrzeganie i odbieranie wrażeń zmysłowych. Poszukiwania poszłyby też w kierunku tworzenia sztucznych enzymów do leczenia arteriosklerozy. Autorzy programu są zdania, że w przyszłości pracę lekarzy przejmą biolodzy, którzy zajmą się doskonaleniem komórki, i elektronicy, którzy będą konstruować bioprocesory i roboty do oczyszczania tętnic.

Z wywiadu dla Marka Millera:
— jedną z cech talentu jest zdolność koncentracji. Ta

ostatnia jest niezbędna, aby wprawić nas w rytm. Rytm w prozie jest równie niezbędny i ważny jak w poezji — będzie nas unosić w czasie pisania;
— u mnie egzotyczna jest tylko sceneria;
— pokazać obiektywną rzeczywistość, ale też jak ona załamuje się w tobie (inaczej — nie istnieje rzeczywistość obojętnie obiektywna, ponieważ każda subiektywność zmienia sens i strukturę obiektywności).

31.5.
Spotkanie z Wałęsą. Zaprosił m.in. Łapickiego, Samsonowicza, Osmańczyka, Beksiaka, Edelmana, Strzeleckiego, Turowicza, Tischnera. Wałęsy nie widziałem dawno. Dojrzał bardzo. W pewnym momencie pomyślałem — przypomina mi Witosa.

Elena Poniatowska — „La Noche de Tlatelolco" (Mexico 1971). Historia i przebieg masakry 1968 roku w Meksyku. Tekst to wyłącznie relacje świadków, ulotki, komunikaty, grafitti. W całej książce (ok. 300 stron) jest tylko jedna strona tekstu odautorskiego.

Kampucza, lata siedemdziesiąte, rządy Czerwonych Khmerów. Z pamiętnika małej Peuw: „Nie pytajcie o nic, Angkar czuwa nad wami! Po raz pierwszy usłyszeliśmy to słowo. Przez długi czas myśleliśmy, że to nowy król lub prezydent. Było to jednak słowo z nowego języka, którego musieliśmy się nauczyć. Oznaczało ono najwyższą organizację, która czuwała nad losami narodu".
Z woli Angkara wujek Peuw — Vong — przechodził w obozie reedukację. Z sześćdziesięciu uczestników przeżyło ten kurs trzech. „Wracali do domu — pisze Peuw — kiedy jeden z nich pozwolił sobie na westchnienie: «Czy też

znajdę moją biedną żonę?» Od razu dwaj żołnierze zatrzymali go i zaprowadzili w las. Nikt go już potem nie widział. Okazywanie uczuć było zabronione. To wszystko, czego dowiedzieliśmy się od wujka, posłużyło nam za lekcję w dalszej walce o przetrwanie. «Nie zadawajcie żadnych pytań» — brzmiała jego główna wskazówka".

W każdej populacji — mówi profesor Ignacy Wald w wywiadzie dla „Literatury" (5/84) — cecha rzadka występuje w 5 procentach wypadków: 2,5 proc. to inteligencja istotnie wyższa i 2,5 proc. — istotnie niższa (różne rodzaje upośledzenia). „Dzieci upośledzone w 90 proc. pochodzą z warstw najniższych. Istnieje swoisty syndrom nędzy, niskiego poziomu sprawności umysłowej, niskiego poziomu wykształcenia oraz dewiacji postaw społecznych — alkoholizmu, przestępczości".

L.: „Źle ze mną. Porządkując swój pokój znalazłem stosy notatek z lektur, z przemyśleń, o których zapomniałem, więcej — których istnienia nie byłem świadom. Notatek w żadnej formie nie spożytkowanych. Może gdzieś odłożyło się to w mojej pamięci? Może kiedyś odezwie się, ale odkrycie całych stert zapisków — tak zupełnie nieobecnych w mojej świadomości — przeraziło mnie".

Wyższy urzędnik mówi mi o L.:
— L. Ten nie zrobi kariery, on ma taki kolorowy życiorys!
Chodzi o to, że najlepszy życiorys jest szary, bezbarwny, nijaki. Nie istnieć — żeby istnieć.

„Le Monde" z 20.3. o literaturze światowej: 1) triumf biografii. Rozwój tego gatunku, jego wielka i rosnąca popularność. Żeby cała epoka albo zjawisko przeglądały się w historii życia jednego człowieka; 2) Juan Marse — wielkie nazwisko w Hiszpanii; 3) Nowe talenty angielskie — William Boyd, Julian Barnes, Graham Swift, Kazuo Ishiguro, Rodney Hall; 5) Emanuele Severino — włoski Heidegger.

27.6.
Dzień, w którym nic nie zrobiłem, ale miałem przyjemną rozmowę z M.S. i widziałem ciepłą twarz O.B. i dlatego nie uważam go za stracony.

Rozwój wywiadu jako gatunku pisarskiego. Prasa na całym świecie pełna wywiadów. Wywiady w gazetach, w czasopismach, w radio, w telewizji. Wywiady książkowe. W USA powstały czasopisma składające się z samych wywiadów („The New Perspectives", „The Interview"). Przyczyny? Czas, tempo — wybitni są zajęci, nie mają czasu pisać, a bywa, że nie potrafią. Łatwiej namówić kogoś do udzielenia wywiadu niż do napisania tekstu. Ludzie chętnie czytają wywiady. Wywiad ma swoją dramaturgię, zdaje się być wypowiedzią bardziej spontaniczną, otwartą, naturalną niż tekst pisany, ponadto jego zaletą jest skrótowa, aforystyczna forma wypowiedzi.

Słownik biograficzny Waltera Kramera „300 podróżników" (Lipsk 1961). Podróżowanie jako zawód, powołanie, pasja, sposób życia. Szczególne natury, niespokojne duchy. Jak giną w drodze. Ich rozrzucone po świecie groby.

Kto gromadzi wiedzę, gromadzi ból. (Kohelet)

Kierkegaard przeciw Heglowi, tj. przeciw fetyszyzacji historii obiektywnej. Dla duńskiego filozofa każdy człowiek jest zamkniętą w sobie historią.

Bergson: poznanie docierające do istoty rzeczy operuje intuicją.

Mirosława Marody o stanie świadomości Polaków. Cechy: 1) dewaluacja pracy w sektorze państwowym, 2) nastawienie na asekurację socjalną, 3) wyuczona bezradność, 4) zwężenie horyzontu czasowego, 5) zawistny egalitaryzm, 6) nastawienie na przeciętność, 7) kolektywistyczny egoizm.

Roy Miedwiediew w „Dissent": „Nastąpił nie tylko upadek literatury, ale i upadek gustów czytelniczych, trzeciorzędni pisarze zaczęli cieszyć się powodzeniem".

Studium D. Blackbourna o nazizmie. Nazizm — prowincjonalny kicz. Nazizm i drobnomieszczanie byli dla siebie stworzeni. Niedokształcone samouki.

Strach raz człowiekowi zadany czyni z niego kalekę na zawsze, odejmuje mu nie tylko coś z duszy — w jakiś sposób odejmuje mu i coś z ciała (człowiek wylękniony, jego wygląd).

Faszyzm: rewolucja nihilizmu, kult państwa, personalizacja i koncentracja władzy, woluntaryzm wodza jako czynnik organizujący, terroryzm jako metoda polityki, skrajna brutalność w zwalczaniu oponentów i przeciwników.

Twój wróg nie zawsze wygląda groźnie. Czasem nawet poci się na twój widok, rumieni, unika twojego wzroku. Kiedy z nim rozmawiasz, zachowuje się niespokojnie. To, co zdumiewa cię najbardziej, to bezinteresowność jego uczucia i postawy. Nie dałeś mu żadnych powodów do nienawiści. Ani go uderzyłeś, ani oczerniłeś, nie złamałeś mu kariery, może wręcz nie znasz go osobiście, a jednak nagle odkrywasz, dowiadujesz się, czytasz: nienawidzi cię, opluwa, przeklina.

„Cudze życie — to tak daleko". (Saint-Exupéry)

Heroizm jest zjawiskiem elitarnym.

„W miarę jak oddalam się odeń, moje minione życie zarysowuje się w kształt wyspy". (Paul Claudel)

H.D. Thoreau napisał 14 tomów dzienników. Jego „Walden" to dziesięć lat pracy, siedem kolejnych wersji.

Adam Czerniawski opowiadał mi, że nasz zmarły w Anglii poeta i pilot Gustaw Radwański, kiedy rozważano różne postawy polityczne, miał zwyczaj mówić tak: „Politycznie Staszek jest na lewicy, Henryk — na prawicy, a ja

— i tu jego palec wskazywał punkt gdzieś wysoko, wysoko w powietrzu — ja jestem tu".

17.2.
Spotkałem M. Siwy, zgarbiony, postarzały. Ludzie starzy. W ich sposób bycia, w ich zachowanie jest wbudowany nieustanny lęk, trwożliwa ostrożność w czasie stawiania każdego kroku, obawa przed przekroczeniem granicy, niewidocznej dla nas granicy, która w ich mniemaniu istnieje i przebiega nie dalej niż na wyciągnięcie ręki. Z całej sylwetki przebija zmęczenie, wyczerpanie. To wygląd kogoś, kto z największym wysiłkiem wdrapał się na piramidę słońca w Teotihuacan i stanął na jej kamiennym szczycie. Wyżej, dalej — nie ma już nic. Człowiek doszedł kresu. Stoi wycieńczony, ciężko oddycha, przepełnia go poczucie niezwykłości i grozy. Już nic nie można zatrzymać, nic powtórzyć, nic cofnąć. Czekanie, aż opuszczą go wszystkie siły, aż dosięgnie go mroczna strzała.

Przybyszewska, „Listy", t. 3, str. 62:
„Podwójna porcja wapna dla trupa Robespierre'a. Żeby nie ożył!"

Henry Bolingbroke (1678—1751) angielski minister spraw zagranicznych, w swojej historii Europy od pokoju pirenejskiego do śmierci Ludwika XIV formułuje słynne „prawo Bolingbroke'a" stwierdzające, że problemy posiadają odmienną wagę w zależności od tego, czy dotyczą zachodniej, czy wschodniej Europy. Tzn. europejski system polityczny odnosi się jedynie do Zachodu i tylko to, co mogłoby mu zagrozić, jest ważne.

Pisarz węgierski — István Csurka. Nasza rozmowa w Budapeszcie, w restauracji „Karpatia". Csurka masywny, potężny, ale twarz łagodna, uśmiechnięta, ciepła. Mówi — marksizm — senilizm, marksizm — serwilizm. Mówi — skończyła się ideologia, zostały personalia.

11.7.
Dzisiaj jest nas pięć miliardów. Z tej okazji przygotowany przez ONZ program telewizyjny. Występują biali i kolorowi. Biali — to starsi panowie: Clarke, Brown, Vonnegut i inni, którzy zamartwiają się, że jest nas już pięć miliardów i co będzie dalej, jaka ciężka czeka nas przyszłość. Ich twarze wyrażają zatroskanie i powagę. Czarni natomiast — to zespoły rockowe, jazzowe, rozśpiewane, rozbawione.

I tak już będzie — starzy biali będą zamartwiać się, ale ich zatroskane głosy będą rozlegać się coraz słabiej, natomiast kolorowi będą zajmować coraz większą część sceny zwanej światem.

Kałużyński: „Gombrowicz z uporem trzymał się ubocznej Argentyny, którą przekształcił w mentalny duplikat Polski".

Był — jakby nie wyjeżdżał z Polski — na prowincji świata.

Karol Ludwik Koniński o nazizmie: „Ruch nizin, grubiański, odstręczający, wiekuisty typ, który chce bić, bić kogokolwiek".

„Pisarz powinien być milczący, jak milcząca jest jego książka na półce" (Ivo Andrić). To samo Henryk Elzenberg w „Kłopot z istnieniem": „(...) milczenie (...) chroni od małostek. Bo mówić o rzeczach błahych, to siłą rzeczy myśleć o rzeczach błahych: nie można paplać bezkarnie. No, a mówić o rzeczach poważnych? Niestety, to zbyt często odbiera im ich żywotność, ich siłę, ich zdolność krzewienia się w duszy: jakbyśmy podcięli łodygę z nie rozwiniętymi pąkami. Mową rzeczy poważnych jest twórczość (...)". I jeszcze Ivo Andrić: „W tych dniach dużo czytałem i dużo rozmawiałem z ludźmi — więcej niż jest zdrowo i dobrze dla mnie: trzeba rosnąć od wewnątrz, milcząco (...) wszystko inne oznacza na samego siebie zastawić pułapkę, samemu gotować własny upadek". Podobnie Rozanow: „Społeczeństwo, otoczenie nie wzbogaca, lecz zuboża naszego ducha".

Ludwig Wittgenstein — „Culture and Values" (Blackwell, Oxford, 1980, s. 94):
— „Wzrok ludzki ma siłę nadawania obiektom wartości, może tym samym uczynić je zbyt kosztownymi".
— „Moim ideałem jest pewien chłód. Świątynia daje schronienie namiętnościom".
— „W każdym zdaniu staram się wyrazić wszystko".
— „Nie ma nic trudniejszego niż powstrzymać się przed samooszustwem".
— „W filozofii zwycięża w wyścigu ten, kto potrafi biec najwolniej".
— „Miarą geniuszu jest charakter".
— „Spoczywanie na laurach jest niebezpieczne jak spoczywanie zimą na śniegu. Umierasz w czasie snu".
— „Geniusz to talent użytkowany z odwagą".
— „Musisz umieć dostrzegać coś, co będzie rzucać nowe światło na fakty".
— „Ładne nie może być piękne".
— „Słowa są czynami".
— „Jeżeli chcesz pójść głęboko, nie musisz iść daleko".

— „Humor to nie nastrój. To sposób patrzenia na świat".
— „Praktyka nadaje słowom sens".
— „W każdym wielkim utworze jest dzikie zwierzę: poskromione". („In allen grossen Kunst is eine Wildes Tier: gezamst").

Wiele potwornych zjawisk, sytuacji i postaci cieszy się znośną, a nawet dobrą opinią, ponieważ ludzie, nim zetknęli się z nimi, wyobrażali je sobie jeszcze znacznie gorzej. Ich opinia, po bezpośredniej konfrontacji z rzeczywistością, brzmi wówczas: „No, nie jest aż tak źle (nie wygląda aż tak strasznie), jak myślałem".

Wywiad z Janem Karskim o holocauście. W latach 1942—1944 Karski, jako kurier z Polski, opowiadał w Anglii i w Ameryce o masowej zagładzie Żydów w Polsce — co dzieje się, jak ona przebiega. Nikt mu nie wierzył! Jest granica, której ludzka wyobraźnia nie chce, nie może przekroczyć.

Ojciec Józefa Czechowicza —
woźny Banku Handlowego w Lublinie
zmarł w obłąkaniu (daty śmierci nie znam).

Był Janusz Kapuściński, mój brat stryjeczny z Mielca. Opowiadał o swoim kuzynie, starym, zdziwaczałym emerycie. Siostra PCK upiekła mu na imieniny tort. Zaniósł tort na milicję — jako dowód, że chcą go otruć.

Danuta Cirlić opowiada mi o Milošu Crnjanskim. Crnjanski, jako stary człowiek, wrócił z emigracji do Jugosławii. Pewnego dnia dzwonią do drzwi dwie dziewczyny. To studentki — przyszły powiedzieć, że będą pisać o nim prace magisterskie. Crnjanski:
— Dlaczegoście nie przyszły pięćdziesiąt lat wcześniej!

27.7.
Wieczorem, w telewizji: Jean-Michel Jarre „Koncert w Chinach". Ta latająca po świecie fabryka dźwięków (16 ton sprzętu muzycznego!). Ewolucja od Janka Muzykanta i jego drewnianych skrzypek do tych konstrukcji elektronicznych dźwiękowo-świetlnych (bo dźwięk i światło są tu nieoddzielne). Tłumy młodych Chińczyków zafascynowane, przejęte, a jednocześnie opanowane, bez oznak masowej histerii.

28.7.
Z dawnych notatek (Sesja Komitetu „Polska 2000" PAN w Jabłonnie) na temat „Człowiek — Środowisko — Zdrowie" —
— choroba zmienia człowieka: schodzi on do wewnątrz, zamyka się w granicach swojej osoby;
— duży, a mało doceniany wpływ stanów emocjonalnych na organizm człowieka i jego zdrowie;
— sylwetka biologiczna człowieka ukształtowała się w środowisku naturalnym, jeszcze w epoce przedneolitycznej. Stąd trudności, jakie ma człowiek w dostosowaniu się do otoczenia cywilizacji przemysłowej. Na przykład dawniej napięcia emocjonalne były rozładowywane w naturalny sposób przez wysiłek fizyczny. Człowiek rozładowywał napięcie spowodowane wściekłością, tym, że fizycznie atakował przeciwnika, staczał z nim pojedynek. Albo — człowiek zagrożony, przestraszony rozładowywał lęk —

ucieczką. Dziś człowiek tłumi wściekłość i lęk, ale ich przecież nie likwiduje i nie usuwa z organizmu — i wówczas one zaczynają go niszczyć.

Systemy aprioryczne, autorytarne: ludzie mogą w nich istnieć dzięki temu, że spontanicznie wytwarzają podsystem patologicznych przystosowań. Tym samym świat nieformalności pozwala systemom autorytarnym utrzymać się przy życiu.

Jacques Soustelle — „Los Quatro Soles". Dzieje Majów to przykład procesu regresu, o którym zapominamy opętani ideą postępu i rozwoju. Tymczasem historia ludzkości to również w poszczególnych regionach i epokach dzieje regresu. Dekadenci — spadkobiercy przeszłości, której nie potrafią kontynuować i rozwijać.

„Żaden wielki artysta nie widzi rzeczy takimi, jakie one są w rzeczywistości. Gdyby je tak widział, przestałby być artystą". (Oscar Wilde)

W „Polityce" (31/87) wywiad z autorem „Dzieci Arbatu" Anatolijem Rybakowem:
— „Czy po odbyciu kary zesłania starał się Pan o powrót do Moskwy?
— Nie, na to byłem za mądry! Miałem zresztą zakaz pobytu w dużych miastach, a w małych też nie chciałem się meldować, aby niepotrzebnie nie przypominać o swoim istnieniu. Czułem przez skórę, że mogłoby się to źle skończyć — naokoło szalały represje. Tułałem się po całej Rosji i najmowałem tylko do prac dorywczych".
(Tak został pisarzem — żeby nie wypełniać ankiety).

„Zacząłem zastanawiać się — co dalej? Iść do pracy, znaczyło wypełnić szczegółową ankietę personalną".
Dzisiaj:
— „Szok, jaki obecnie przeżyłem, to listy od ex-działaczy stalinowskich.
— Czy nikt z nich nie wyraża skruchy?
— Skądże! Tak trzeba było! Bez ofiar nie można się było obejść!"

6.8.
Sięgnąłem po „Dzienniki czasu wojny" Nałkowskiej. Sięgnąłem nie po to, aby dowiedzieć się czegoś o wojnie, ale ze względu na język — piękny język tamtej epoki, tamtych pisarzy. Ubolewam, może przesadnie, że my dzisiaj piszący i mówiący już tylko język psujemy, szpecimy, dewastujemy. Zamiast plewionego ogrodu języka — tylko badyle i dziwoląg, całe otoczenie zaniedbane, zachwaszczone. Nawet ci, którzy to czują i nad tym boleją, przez konieczny kontakt z ową niechlujną rzeczywistością językową sami nurzają się w tym niechlujstwie, raz po raz natykając się na rozpanoszony bełkot, bzdurę i mętniactwo. Sięgam więc do Berenta, Irzykowskiego, Dąbrowskiej — jak po łyk wody źródlanej. To jedyna polszczyzna, której ufam, na której mogę spokojnie i mocno oprzeć własną myśl.

9.8.
Moja wizyta u Nałkowskiej. Jest wiosna roku 1951. Pracuję w „Sztandarze Młodych". Mój szef — Wiktor Woroszylski — wysyła mnie do pani Zofii, aby odebrać tekst jej wypowiedzi na temat walki o pokój (była wtedy moda pisania i drukowania takich wypowiedzi). Nałkowska miała wówczas 67 lat, ale robiła wrażenie kobiety znacznie młodszej, o silnej i tęgiej sylwetce, o prosto i

mocno osadzonej głowie osoby śmiałej, obytej towarzysko, stającej przed audytorium bez tremy. Mieszkała w Domu Literatury na piętrze, drzwi z klatki schodowej — na lewo. Najpierw był pokój pełen psów i kotów, a głębiej jej gabinet. Pełno w nim było kartek, karteluszków wszędzie rozłożonych. Nałkowska wręczyła mi kartkę z napisanym na maszynie tekstem. Odprowadziła mnie do drzwi. Wyszła ze mną na klatkę schodową i po chwili wahania spytała: „Czy pan myśli, że pozwolą nam pisać tak, jak pisaliśmy dawniej?" Coś bąknąłem niewyraźnie i speszony, oszołomiony pognałem schodami w dół.

Tadeusz Breza w swoich wspomnieniach o Nałkowskiej przypomina, że pisała ona na małych karteczkach, które później sklejała w stronice. Technika collage'u, bardzo nowoczesna.

Skąd bierze się słaba pozycja reportażu literackiego? Pewnie m.in. stąd, że gatunek ten uprawia bardzo mało piszących (jest ich znacznie mniej niż tych, którzy tworzą powieści, opowiadania, poezję). Reporterzy stanowią słabą grupę nacisku, nie są w stanie przepchać się do pierwszych szeregów. Dlaczego mało ludzi uprawia reportaż? Choćby dlatego, że zbieranie materiału wymaga w tym wypadku fizycznego wysiłku, zdrowia, a często grozi śmiercią. Toteż zwykle reporterem jest się tylko przez pewien okres, w latach młodości, później — większość reporterów zmienia styl życia — albo zasiada na fotelach redaktorskich, albo zamyka się w domach i pisze książki. Tak więc wielu reporterów traktuje swoją reporterską twórczość tylko epizodycznie, nie troszczy się o jej utrwalenie i kontynuację. I jeszcze słowo o krytyce. Tej prawie nie ma. Reportaż wymaga od krytyka podwójnych kwalifikacji — nie tylko musi znać on warsztat literacki, ale także znać przedmiot, o którym reportaż traktuje (np. żeby zrecenzować rzetelnie tom reportaży o Peru, trzeba wiedzieć coś o sztuce pisania, ale także wiedzieć coś o samym Peru, a to już wymaga dodatkowych studiów, lektur itd.). A więc reportaż nie ma swoich krytyków, tych, którzy dbaliby o jego miejsce i jego promocję.

Karen Blixen:
ur. 1885. Ma 29 lat, kiedy osiedla się na farmie w Kenii. Mieszka tam 16 lat. Ma 45 lat, kiedy wraca do Danii. Ma 52 lata, kiedy wychodzi „Pożegnanie z Afryką" (1937). Umiera mając 77 lat.

Notuję uwagi pisarzy, reporterów, reżyserów, którzy przyjeżdżają z Ameryki, z Anglii, z Francji, uwagi pierwsze, które — wiem z własnego doświadczenia — najdłużej zostają w pamięci:
(K.): „U was każdy każdego ciągle sądzi. Codziennie. Codziennie stajesz przed sądem opinii. Czy dziś się sprawdziłeś? To, że sprawdziłeś się wczoraj, jest nieważne. Musisz każdego dnia podejmować od nowa wysiłek. Jakie to wytwarza napięcie w człowieku! Jaka to strata czasu!"
(C.): „W tym kraju istnieje dwojaki wzorzec zachowań, dwojaki kod etyczny: serdeczność i ciepło wobec bliskich, nieufność, szorstkość, nawet brutalność wobec obcych. Przejście od jednej postawy do drugiej trwa sekundę. Jest to społeczeństwo grup, zatomizowane, plemienne, upatrujące w obcym przeciwnika".
(R.): „Cechą waszego społeczeństwa są kominy. Wybitność i głupota, tylko to, tuż obok siebie. Brakuje mocnej średniej, która jest cechą naszych, zachodnich społeczeństw."
(S.): „Mają pięć lodówek. Zamiast myśleć, jak wyprodukować dziesięć, siedzą i radzą, jak podzielić te pięć. Ich

sposób myślenia z góry zakłada, że nigdy niczego nie będzie więcej. Zamiast doskonalić system produkcji, głowią się, jak usprawnić system podziału, jak — w przyszłości — podzielić trzy lodówki, a potem — jedną".

(A.): „Ludzie nie lubią tego, co robią. Praca w ich poczuciu nie ma wartości".

(P.): „Czytam nad bramą fabryki: «Wydajną pracą poprzemy program partii!» Tu praca nie jest problemem ekonomicznym, lecz politycznym. Nie chodzi o wytwarzanie dóbr, towarów, chodzi o deklarację, o akces. W naszym świecie pracując dobrze — poprawiasz swój byt. Tutaj pracując dobrze — dowodzisz swojej lojalności wobec władzy. Władza zawłaszcza wszystko, również twoją wolę, twój wysiłek, twój pot. Ergo — jeżeli odnosisz się do władzy krytycznie, dajesz temu wyraz pracując źle. Poziom pracy a poziom życia — ten związek jest odczuwany jako bardzo wątły".

(S.): „Nikt nie ma poczucia, że robi coś obiektywnie ważnego, co ma wartość samą w sobie i co zapewni mu rzetelną zapłatę i bezpieczną przyszłość".

(G.): „Bardzo dużo kombinowania i przetargów. Istotą tych zabiegów jest akceptacja systemu asymetrycznego: godzę się, że ktoś jest wyższy, a ja — niższy, że ktoś ma — a ja nie, że ktoś może, a ja — nie. System taki wytwarza w człowieku podświadomy brak zaufania do siebie — a może rzeczywiście jestem niższy i słabszy?"

(Jeszcze P.): „Wszędzie obecna historia i wojna. Historia rozumiana jako dzieje powstań i wojen".

(D.): „Niepewność jutra. Niewiara w lepszą przyszłość".

Z Filadelfii
1988

Punkty czasu

Miriam Makeba. Najnowsza płyta: „Sangoma". Także Masekela i jego płyta — „Tomorrow".

Książka „Home Repairing". Każdy temat podzielony na trzy części:
Problem
Possible Cause
Action
(Bardzo amerykańskie — jeżeli jest problem, trzeba go rozwiązać. Nie ma problemów nierozwiązalnych).

Maszynopis powieści Saula Bellowa „Mr Sander's Planet" sprzedany na licytacji za sto tysięcy dolarów. Autor dostał za maszynopis więcej, niż uzyskał ze sprzedaży samej książki. Inny pisarz amerykański — Toby Olson: „Amerykanin ma silnie rozwinięte poczucie wyłączności. Za rzecz unikalną, jedyną — da wszystko".

W naszych wyjazdach jest zawsze jakaś ostateczność, głęboki smutek straty.
Moja ojczyzna jest rozprzestrzeniona
składa się z adresów w różnych krajach, na różnych kontynentach,
tworzą ją setki drzwi, które wiem, jak otworzyć,
autobusy, których numery pamiętam,
ulice, przystanki, budki z gazetami
twarze
głosy

Warszawa — Bruksela — Nowy Jork — Filadelfia — Toronto — Calgary — Filadelfia — Los Angeles — Boston — Nowy Jork — Jeddah — Kigali — Entebe — Soroti — Kampala — Bruksela — Warszawa

Konflikty w okolicach Brukseli: zamożni Belgowie frankojęzyczni przenoszą się do podmiejskich wiosek zamieszkanych przez chłopów flamandzkich. Tarcia na tym tle. Ale, mówią, wojny z tego nie będzie.

niedziela rano, małe miasteczko, wszędzie
kobiety myją okna

Aalst — miasto ich wielkiego pisarza — Booma. Był malarzem pokojowym, potem dziennikarzem. Pisał felietony w „De Morgen".

Są bardzo krytyczni. Krytycyzm jako postawa i sposób myślenia — to najbardziej odróżnia Zachód od Wschodu.

Budynek partii socjalistycznej w Gandawie. Dzień walki z apartheidem. Dwóch czarnych (grupa Mwenzo-Africa) gra na bębnach, socjaliści belgijscy słuchają, jedzą kanapki.

Hans Memling (1435—1494) namalował portret Sibylii Sambethy w 1480.

KLM 641 Bruksela — Nowy Jork
We will be very happy to answer any question you may have

lądowanie śnieg
JFK
wszystkie kontynenty, rasy, pokolenia, religie
w kolejce do immigration

Manhattan, spiętrzenie kamienne, jak łańcuch gór
St. Moritz Hotel
spokojnie czekają swojej kolei
jeżeli ktoś wybuchnie
to znaczy, że z niższej klasy
niższej klasie przypisują wszystkie wady — palenie, otyłość, narkomanię, niższa klasa pluje na podłogę

Allen Ginsberg, jego wieczór autorski w Penn Univ. Sala pełna. Tematy: narkotyki, buddyzm, Kerouac. Rok 1968 odbierany przez tę młodzież jako historia, rok 1956 — jako prehistoria.

Jadąc do Penn Univ. autobusem 21. Jedyne wolne miejsce znajduję koło starego Murzyna. Siadam, jedziemy ściśnięci, wręcz przytuleni do siebie. Ale na przystanku przy stacji kolejowej wysiedli niemal wszyscy i zrobiło się pusto. Teraz najprościej byłoby zostawić Murzyna i usiąść w innej ławce, ale nagle powstaje problem: usiąść gdzie indziej? Aha, to znaczy brzydzisz się czarnego! Czarny ci śmierdzi! A Murzyn? On też nie rusza się, siedzi przyklejony do mnie, myśląc pewnie: „Przesiądę się, to powiedzą, patrzcie go — czarny rasista, ucieka przed białym, nienawidzi białych!" W tej sytuacji, w zupełnie pustym autobusie jedziemy dalej, Murzyn i ja, przyciśnięci do siebie, przytuleni, zrośnięci niemal, groteskowi, absurdalni.

Penn Station nocą. Tylu szaleńców, tylu narkomanów, tylu biednych. I obok nich tłum ludzi dostatnich, zadbanych, zorganizowanych, pilnych urzędników, obrotnych kupców. Fascynująca jest ta granica, która oddziela jednych od drugich, fascynujące jest przekraczanie tej granicy.

Ci biedni, ich zaniedbanie, apatia, ich łachmany i pusta butelka w ręku, ich niedostępna dla ciebie wspólnota, ich wzrok, którego nie umiem określić.

W świecie ryb, mówi mi Grace, samce są zwykle pięknie ustrojone, napuszone, kolorowe — w ten sposób przyciągają uwagę samic i zyskują je dla siebie. Ale oto w MIT zrobiono ostatnio następujące doświadczenie: rybę-samca, bardzo kolorowego, który żył w otoczeniu zachwyconych i uległych mu samic, wpuszczono do akwarium o małej pojemności. Jednocześnie obok do akwarium o wielkiej pojemności wpuszczono rybę-samca, który był brzydki. I co się stało? Samice porzuciły owego zawsze adorowanego pięknisia i pociągnęły za samcem-brzydalem. Wybrały go, komentuje Grace, ponieważ miał większe terytorium, to znaczy — większą władzę.

Ocalić sztukę od doraźności, od presji środowiska, od banału. Wielkie dzieła, które powstały jakby bez związku z otaczającym ich twórców światem. Jerzy Stempowski w liście do Józefa Czapskiego (Muri — Berne, 12.6.1947):

„W jakim stopniu artyści Renesansu byli dziećmi swego czasu i tkwili w aktualności? Im bardziej przypominam sobie ich obrazy w galeriach, tym związek ich ze współczesnością wydaje mi się luźniejszy. Ten okropny obraz Włoch renesansowych, jaki wyłania się z Machiavellego i Guicciardiniego, jest niewidoczny u malarzy. Był to czas ruiny wszelkiego prawa i porządku, zanik resztek moralności chrześcijańskiej".

Rok 1945, koniec wojny. Edmund Wilson odwiedza w Rzymie George Santayanę. Wielki filozof mieszka w klasztorze, u zakonnic. Tu, w małym pokoiku, spędził wojnę. W czasie rozmowy, pisze Wilson, Santayana powiedział mi, że o tej obecnej wojnie nie wie prawie nic („Wiem o niej tyle, co o bitwie pod Kannami").

Umysły filozofów, artystów kontaktujące ze światem zewnętrznym w jakiś inny, pośredni sposób.

Sobota w księgarni Barnes & Nobles w Filadelfii. Wpadł mi w ręce album Mary Leakey — „Africa's Vanishing Art". To album o malowidłach naskalnych znajdujących się w 186 jaskiniach w Kisese, Cheke, Pahi i innych miejscowościach w okręgu Kondoa w środkowej Tanzanii. Wspaniałe to malarstwo liczy około 29 tysięcy lat — powstało w epoce kamiennej, stworzone przez anonimowych mistrzów. Toż to galeria obrazów o wielkim rozmachu kompozycyjnym, pomyślana jako świątynia sztuki o rozmiarach znacznie większych niż Louvre czy Museum of Modern Art w Nowym Jorku! Można by się zapędzić w tych zdumieniach i zachwytach i powiedzieć, że wszystko, co nastąpiło w malarstwie i wystawiennictwie po Kondoa, było już produktem schyłku i dekadencji. W każdym razie człowiek współczesny nie potrafi wytworzyć farb tak trwałych, aby wytrzymały 30 tysięcy lat, ani wykorzystać naturalnych warunków klimatu i otoczenia, aby bez żadnych z jego strony zabiegów konserwatorskich obraz mógł tak długo zachować swoją świeżość i intensywność.

Kondoa: wyobrażenia słoni, lwów, nosorożców, strusiów, drzew i ludzi.

Ilekroć oglądam książki, albumy jak ten, ogarnia mnie żal, że zmarnowałem swoje lata w Afryce. Miałem okazję napisać tom reportaży z wypraw do ruin, zrobić tom rozmów z pisarzami, z malarzami, lepiej poznać tamtą muzykę i balet. W to miejsce napisałem kilka książek o temacie z piasku — tj. o polityce afrykańskiej, a więc o rzeczy najbardziej nietrwałej, złudnej i ulotnej na świecie.

Waga tematu książki w jakimś sensie warunkuje ciężar samej książki. Oczywiście książka może być lepsza lub gorsza, ale utwór poświęcony problemom odwiecznym i wielkim ma większą szansę przetrwania niż rzecz o błahostkach.

Stephen Crane 1870—1900
Emily Dickinson 1830—1886

Dopiero w Calgary Sven Delblanc, świetny pisarz szwedzki i uroczy człowiek, przypomniał mi, że restauracja, do której zaprosił mnie w Sztokholmie na kolację (było to dwa dni przed ogłoszeniem stanu wojennego w Polsce, kiedy nazajutrz samolot nasz lądował w Warszawie, światła na lotnisku były już wygaszone), nazywała się „KB" — po szwedzku: „Klub Artystów". Dosyć wstawieni szliśmy przez zaśnieżony, puszysty, ciepły Sztokholm na dworzec. Wsadziłem Svena do pociągu, pojechał do domu, do Uppsali, a ja wracałem pogodny do hotelu nie wiedząc jeszcze, że następnego dnia tyle zmieni się w moim życiu.

W Calgary: poetka z Los Angeles — La Loca. Jej rak. „Czułam się tak upokorzona". Tutaj wszystko, co nie jest sukcesem, witalnością i optymizmem — jest wstydliwe. Choroba jako upokorzenie. Ciągle badali mnie — mówi — człowiek czuje się gwałcony, traci prywatność. Mogli oglądać mnie nagą, dotykać, wymuszać różne zachowania, wreszcie kłuć i kroić.

Wymyśliliśmy maszyny, które pozwalają nam nie myśleć.

Eliade o Brancusim:
„Zrozumiawszy najważniejszą tajemnicę — tę mianowicie, że nie sama twórczość ludowa, lecz odkrycie jej źródeł może odnowić i wzbogacić sztukę współczesną — Brancusi zaczął szukać (...) Niestrudzenie powracał do pewnych tematów, jakby opętany ich tajemnicą lub wymową artystyczną, której nie umiał przekazać. Przez 19 lat na przykład pracował nad «Colonne sans fin», 28 — nad cyklem «Oiseaux». Cykl «Oiseaux»: w latach 1912—1940 Brancusi wykonał 29 wersji tej rzeźby w polerowanym brązie, w różnokolorowym marmurze, a także w gipsie (...)".

Świat dźwięków nie ginie. Dźwięki trwają, tworzą wielką, żywą zbiorowość.

W Calgary rozmowa z Erichem Skwarą — pisarzem austriackim. Opowiada, że Tomasz Mann był we współżyciu człowiekiem trudnym. Mówił tonem pouczającym, cały czas akcentując wskazującym palcem swoje apodyktyczne sądy. Za największego pisarza uważa Hermanna Brocha. Musil? Tak, ale Musil nigdy nie wzniósł się na wyżyny geniuszu. Mówimy o wiedeńskich kawiarniach. Skwara cytuje Oscara Wilde'a: „Jest to jedyne miejsce, w którym człowiek może być sam, nie czując się samotnym".

W Calgary:
Marie-Jean Ribordy, Szwajcarka. Spędziła w Kanadzie 17 lat, z tego większość na Północy, gdzieś pod biegunem. Jadąc na Północ, mówi, musisz ożywić umysł i serce, stać się częścią natury. Stać się częścią natury — to wymaga woli, wysiłku, skupienia.

Jeszcze Calgary. Ostatni dzień Olimpijskiego Zjazdu Pisarzy. Dyskusja na temat: „The art of creative non-fiction writing" (jak to przetłumaczyć? Literacki reportaż eseistyczny?) Główna teza: nasza kultura staje się „very documentary" i literatura musi to uwzględnić.

16.2.
Wieczór autorski na wydziale literatury Uniwersytetu Temple w Filadelfii. Ktoś z sali pyta: „Czy to, że latami przebywał pan wśród ludzi, których języka pan nie rozumiał, nie wyostrzyło pana wzroku i słuchu?"
Kiedy zastanawiam się nad odpowiedzią, przychodzi mi na myśl ów sklepikarz ormiański w Teheranie, handlujący przyprawami korzennymi. Jeżeli dzień był spokojny, wystawiał worki tych przypraw na ulicę, jeżeli zapo-

wiadano manifestację, chował swój towar, aby tłum go nie zdeptał. Jego zachowanie było dla mnie informacją, zastępującą mi znajomość języka.

Czy wiek XXI będzie wiekiem Pacyfiku? To mnie interesuje. Interesują mnie epoki, cywilizacje, imperia. Wielkie rzuty historyczne, rozległe horyzonty, szerokie panoramy. Wielopiętrowość rozgrywających się zdarzeń. „Każdy dobry tekst ma wiele znaczeń" (Hemingway). Historia jest takim tekstem.

Profesorka psychologii z Temple — Miriam Olson — wyraża się krytycznie o Reaganie. Jako dowód przytacza fakt, że w ciągu ośmiu lat prezydentury Reagan nie zmienił się na twarzy, nawet nie postarzał. Weź Roosevelta, mówi, weź Nixona, Cartera — było widać, jak napięcia i stresy, jak poczucie odpowiedzialności pogłębiały ich zmarszczki, zmieniały sylwetkę. A Reagan? Zawsze tak samo odprężony i zadowolony. Do niego po prostu nic nie dociera!

Po to, żeby koniec stał się rzeczywistym końcem, musi jeszcze zaistnieć powszechna świadomość końca, a także zrodzić się siła, która staremu porządkowi wymierzy coup de grâce. Dopiero połączenie tych trzech elementów, a więc — zaawansowanej entropii istniejącego układu, powszechnego przekonania o jego agonii i siły gotowej przyjść na to miejsce, może przynieść wstrząs i przemianę.

Zdolność człowieka do stwarzania pełnych, samowystarczalnych, zamkniętych światów sprawia, że możemy żyć w społecznościach odrębnych, wzajemnie od siebie izolowanych, nic o innych nie wiedząc, nie odczuwając nawet potrzeby ich poznania. Nie chodzi nawet o odległość geograficzną, gdyż czasem te inne światy istnieją o krok od nas, tuż-tuż, na granicy naszej skóry.

Tradycja służenia wodzowi, dopóki odnosi sukcesy. Kiedy nadciąga klęska, jego podwładni opuszczają go i porzucają pole bitwy. Uważają, że takie zachowanie jest etyczne.

21.1.
W Toronto. Nazwiska pisarzy kanadyjskich: Domański, Drabek, Drewniok, Dudek, Dyba, Gryski, Iwaniuk, Jewiński, Kamień, Ryga, Szymigalski, Topa, Zaborska itd.

Party u Susan Stewart. Susan — bardzo wrażliwa poetka i autorka świetnych esejów o kulturze — pracuje na Uniwersytecie Temple. W czasie przyjęcia wszyscy biorą udział w zabawie — zgadywance tytułów książek i filmów (trzeba je odgadywać z gestów i mimiki prezentera. Śmiechu i uciechy przy tym mnóstwo). Zawsze w takich sytuacjach powraca przekonanie, że dziecko w człowieku nigdy nie umiera. Ono tylko jakby obrasta kimś dorosłym, ale nadal pozostaje żywe i obecne wewnątrz tego dużego, dojrzałego człowieka. I każda okazja, kiedy może dać znać o sobie i zapanować nad nami, połączona jest z radością, wesołością, odprężeniem, wyzwoleniem. Każdej takiej okazji towarzyszy uczucie zaspokojenia.

Susan Stewart
EUFRAT
Więc pewnego dnia, kiedy morze
było tak spokojne jak niebo, a
horyzont skrył się w zagłębieniach ziemi;
kiedy wszystkie gniazda opustoszały, kiedy
je rozrzucono, a ciernie i głogi poraniły nam
twarze; kiedy nasze pługi i koła garncarskie
leżały połamane, pokryte kurzem, a nasze flety
były jak milczące i posłuszne dzieci; kiedy
nasze dzieci nie mówiły już naszym językiem, a
nasze własne języki były jak kamienie
kaleczące nam usta, śniliśmy o kraju
leżącym w górze rzeki, w którym
mężczyzna i kobieta stali nadzy w ogrodzie,
mieli twarze, z których została starta pamięć.

Rano pociągiem do Nowego Jorku. Tutaj, w Merkin Hall, koncert filadelfijskiego zespołu kameralnego „Relache". Powstał dziesięć lat temu jako „New-music ensamble" (nazywa się też „New Tonality"). Dyrygent Joseph Franklin.

Nowa muzyka, nowe malarstwo, nowa architektura — energiczna, bujna sztuka amerykańska. Dzieje się w niej ogromnie dużo. Emerging Arts, New Music, Fusing Jazz, Creative Non-Fiction — ciągłe, pełne napięcia poszukiwanie formy, nowego wyrazu, nowych środków. Ucieczka przed dekadencją, przed zastojem, przed banałem. Zwraca uwagę ogromna ilość tych poszukujących szkół, ośrodków, galerii, zespołów. Nie sposób tego wszystkiego obejrzeć, przeczytać, wysłuchać, nie sposób przeżyć i przemyśleć.

„Relache". Już sam zestaw instrumentów uderzający — wiolonczele, saksofon, piccolo, akordeon, waltornia, Yamaha. Śpiewaczka, której głos jest jednym z instrumen-

tów. Trąbka. Muzycy ubrani różnie, często byle jak — nawet w tym zupełna, amerykańska dowolność.
Tendencja do powtarzania rytmu, do wariacji wokół jednego tematu. To nie muzyka klasyczna, ale i nie dodekafonia, nic w stylu Brahmsa ani Weberna, to jakaś trzecia wyobraźnia muzyczna.
Sztuka staje się produktem trzeciej wyobraźni (tj. takiej, która zaczerpnęła z klasyki i przejęła coś z technik modernizmu, ale poszukuje własnej, nowej, odrębnej formy).

Tegoż dnia wieczorem na sztuce Johna Krizane'a „Tamara" (rzecz o miłości Gabriela d'Annunzio do polskiej malarki Tamary Łempickiej). Mimo że przedstawienie drogie — 180 dolarów za bilet — cieszy się ogromnym powodzeniem. Widzowie otrzymują bezpłatnie i w dowolnych ilościach wszelkie napoje (specjalność „Tamara cocktail" przygotowany przez Seagram). W programie, ważniejszy niż lista aktorów, jest zestaw dań, jako że w przerwie przedstawienia widzowie zjadają kolację (m.in. Curried Breast of Chicken, Insalata Vittoriale, Cold Risotto Primavera, Carpaccio of Beef, Prosciutto itd.). Wszystko to ma miejsce w budynku muzeum armii amerykańskiej (643 Park Avenue and 66th Street). Sztuka (przeciętna i nudna) rozgrywa się jednocześnie w kilku salonach na dwóch piętrach, trzeba więc dużo chodzić, a nawet biegać, ale można też po prostu siedzieć na schodach i pić wino — niech inni się męczą.
Typowo nowojorskie: „Tamara" jest przedstawieniem, o którym się mówi, ergo — trzeba je zobaczyć. Zawsze tu tłok. Ale w Nowym Jorku wszędzie jest tłok, każde najbardziej błahe wydarzenie kulturalne ściąga tłumy.
Sztukę charakteryzuje estetyczny eklektyzm, wszystkiego w niej po trochu. Ale przede wszystkim zwraca w niej uwagę obecność silnych, agresywnych, prowokacyjnie po-

danych elementów kiczu. Tzw. oblicze sztuki pokrywa jaskrawa szminka, barwy są kontrastowe, skrajne jak na chińskiej masce. To wyostrzenie kolorystyczne, dźwiękowe, językowe ma pomóc, aby w natłoku produktów, utworów, pomysłów i inicjatyw artystycznych dzieło mogło przebić się, przyciągnąć, zmusić do zatrzymania, do spojrzenia, do wysłuchania. A ponadto, utwór musi krzyczeć barwą, dźwiękiem, obrazem, kształtem, ponieważ nasze zmysły ciągle dziś bombardowane, atakowane, przygniatane lawiną nadawanych przez otoczenie sygnałów są przytępione, osłabione, mało wrażliwe.

Maciek Wierzyński o naszym wspólnym koledze, który osiadł w Nowym Jorku: ,,Działa, korzysta ze swoich piętnastu minut! Tu każdy ma swoje piętnaście minut, które musi wykorzystać do ostatniej sekundy. Wkrótce o nim zapominają, bo napiera tłum ludzi, z których każdy domaga się swoich piętnastu minut. A potem? Cóż, potem, na następne piętnaście minut trzeba długo pracować".

W ,,New York Times Book Review" esej pisarza RPA — Richarde Rive o sytuacji w literaturze tego kraju. W kraju nieszczęśliwym, w kraju pogrążonym w walce zmieniają się kryteria oceny pisarza. ,,It is impertinent to suggest that a black South African writer's credentials depend on how often he throws stones at white policemen". Kryterium oceny przesuwa się z płaszczyzny artystycznej na polityczną. Tam, gdzie panuje kryzys, tam panuje polityka — dziedzina, która się żywi, tuczy kryzysem.

Pamiętać, że pisanie jest także żmudną, codzienną, nieustającą pracą, jest zajęciem szewca spędzającego całe dni na zydlu i cierpliwie robiącego but po bucie.

Spoglądając na świat — być optymistą czy pesymistą? Doświadczenie z wieczorów autorskich w kraju: ludzie chcą choćby źdźbła optymizmu, oczekują go, istnieje w nich potrzeba światła, potrzeba obietnicy, wiara, że jutro może być lepsze.

Trwa tu w prasie dyskusja o wydarzeniach w Izraelu. Jej temat: czy Żydom w Ameryce wolno krytykować postępowanie rządu Izraela wobec Palestyńczyków. Jedni twierdzą, że wolno i trzeba, inni, że ci, którzy ośmielają się krytykować rząd Izraela (jak np. Woody Allen) to „self-hating Jews" — Żydzi, ale Żydzi skażeni nienawiścią do Żydów, do samych siebie, do żydostwa. Zwraca uwagę rozpalona temperatura tych sporów, ich rozgorączkowana emocjonalność, napięcie, czasem aż szaleństwo. Dochodzi tu do głosu sentymentalna, nadwrażliwa natura, naładowana namiętnościami do granic wytrzymałości. Ten spór to przygważdżający, oślepiający błysk sztyletów.

Chodząc gdzieś zaniedbanymi ulicami i widząc odrapane domy, wybite szyby, brudne podwórka, zaraz chciałbym wszystko porządkować, naprawiać, malować. Chore otoczenie odczuwam jako chorobę własną, między mną a otoczeniem istnieje związek fizyczny.

24.2.
Na filmie „The Last Emperor" — o ostatnim cesarzu Chin (zmarł w latach sześćdziesiątych w Pekinie, po przebytym więzieniu i reedukacji — jako ogrodnik). Film zręcznie zrobiony, ale artystycznie i merytorycznie niewiele wnosi. Wracałem do domu przed północą. Było śnieżyście i bardzo zimno. Bezdomni spali na wylotach kana-

łów. Z kanałów unosi się ciepło, tak że leżą oni w kłębach pary, jakby wystawali z piekła, leżą w samych koszulach, bez butów — jak wytrzymują dwudziestostopniowy mróz tej nocy, tak półnadzy, nie okryci nawet kocem, wprost na metalowych kratach, na oblodzonych płytach chodnika?

W nocy, kiedy wróciłem z kina, zadzwonił telefon: Allen Ginsberg zaprasza mnie na śniadanie. Byłem u niego o 8 rano. Ginsberg, bardzo gościnny, proponuje, abym mieszkał u niego, kiedy będę w Nowym Jorku. Ma małe mieszkanie pełne książek i papierów („Wszystko zbieram, nawet rachunki z pralni"). Zrobił mi kawy, a sobie kubek gorącej wody, do której wcisnął całą cytrynę. Allen — to pozorny nieporządek i roztargnienie, a w rzeczywistości świetna organizacja i dyscyplina. Zabawny jest w roli weterana hippisów, ale traktuje swoją sytuację z pogodą i przymrużeniem oka. Mówi, że rola jego pokolenia literackiego polega na rozszerzeniu pojęcia realności (tzn. że stany oniryczne są też rzeczywistością realną).

W czasie przyjęcia w małym domku pod Filadelfią dopadła mnie grupa młodych Amerykanów, którzy wypytawszy, kogo znam z pisarzy amerykańskich, jakie książki czytam, jakie czasopisma, wyśmiali mnie, określając wszystkich tych pisarzy — np. Normana Mailera, czy gazety, jak „The New York Times", jako „mainstream", tj. nurt główny, oficjalny. Oni wszyscy zadeklarowali się jako niezależny obieg, jako podziemie, „underground". W tutejszym języku oznacza to być publikowanym w małonakładowych pismach (np. 500 egzemplarzy), których wychodzą tu setki. Pisma te czyta mało ludzi, są one ignorowane przez telewizję, radio i wielką prasę, a więc właśnie przez „mainstream". Odpowiedzią na to przemilczenie przez oficjalne mass media jest całkowita pogarda i opozycja, jaką wobec głównego nurtu żywi obieg niezależny. Jak to zwykle bywa w takich sytuacjach, każda strona czerpie satysfakcję z własnej postawy, uważając ją za jedynie słuszną.

5.3. sobota
W Nowym Jorku obiad z Helen Wolff, w jej mieszkaniu, bo Helen ma ponad 80 lat, złamała nogę i trudno jej pójść do restauracji. Helen, kiedyś zaprzyjaźniona z Tomaszem Mannem i Hanną Arendt, emigrowała z nimi do Stanów w latach trzydziestych. Tu wraz z mężem — Kurtem — wydawała przez wiele lat serię wybitnych dzieł literatury europejskiej. Helen — głęboka, intensywna kultura, wielki kunszt formułowania myśli — ginąca już formacja intelektualistów Europy pierwszej połowy naszego wieku, którzy traktowali rozmowę jako sztukę, za najprostszym wypowiedzianym zdaniem czuło się błyskotliwą kindersztubę, chłonną i pilną młodość, lata studiów i obcowania ze światem myśli i ducha. Rozmowa przeskakuje z tematu na temat.

Benjamin, mówi Helen, uważał, że książka składająca się z samych cytatów byłaby książką doskonałą. Ale czy rzeczywiście? — zastanawia się. Byłaby to książka zbyt gęsta, a myśl musi odpoczywać i w tym celu potrzebuje przestrzeni, czasem przestrzeni wypełnionej czymś łatwym, nawet — kiczem.

Mówi o sytuacji książki. Książka staje się towarem, obiektem mody. Bierze się to stąd, że wielu wydawców wywodzi się z rodzin producentów konfekcji, dyktatorów mody. Tej wiosny ten autor, ten tytuł, ten styl będą modne, jesienią jego miejsce zajmie inne nazwisko, inny tytuł. Powstało pojęcie „Shelves books": książka jest na półkach w księgarniach np. od 3.7. do 5.9. — potem ją wyrzucają, więcej jej nie będzie. Tymczasem książka daje również fizyczną przyjemność — obcowanie z nią, patrzenie na nią, dotykanie jej, zaglądanie do niej. Mój mąż, Kurt, miał zwyczaj notować uwagi na marginesie czytanych książek. Mam w domu zbiorowe wydanie Goethego z uwagami Kurta. Sięgając do tych egzemplarzy ciągle rozmawiam z mężem, ciągle się z nim porozumiewam. Notabene, całe powietrze wypełniają fale radiowe, telewizyjne, ale i międzyludzkie. Pamiętam, że w roku 1962 byliśmy z Kurtem w Lozannie. Zwykle spaliśmy w hotelach w osobnych pokojach, ale tej nocy spaliśmy razem. Budzimy się i Kurt mówi, że miał sen, iż pisze książkę. Ja: „Wiesz, miałam identyczny sen!" Kurt: „Pamiętam pierwsze zdanie: «Są dni, o których mówimy, że ich nie lubimy»". A moje pierwsze zdanie brzmiało: „Są dni, które wspominamy z niechęcią". Podobne zdanie!

„NY Times", 22 lutego, artykuł: „Videokasety wypierają książki z półek". „Zaledwie w dziesięć lat od pojawienia się videokaset w domach amerykańskich zaczęły powstawać w nich całe biblioteki owych kaset". Ludzie, pisze autor A. L. Yarrow, usuwają z półek książki i na ich miejsce ustawiają kasety. Sprzedaż czystych kaset rośnie gwałtownie:
1985 —   810 mln dol.
1988 — 3300 mln dol.
„American Poetry Review", a więc poważne pismo, reklamuje sprzedaż serii „Poets on Videodisc and Videotape": Elizabeth Bishop, Allen Ginsberg, Paul Zimmer. Równocześnie „New York Times" z 2 marca zamieszcza reportaż ze studio, w którym autorzy nagrywają kasety video o sobie, bo to ma ułatwić reklamę i sprzedaż książki. „Nie wystarczy dziś pisać książki — mówi gazecie jeden z wydawców — trzeba je również umieć sprzedać". Dziś do wydawcy posyła się nie tylko maszynopis nowej książki, ale i kasetę z wywiadem z autorem. Jeżeli autor

prezentuje się w telewizji dobrze, książka ma szansę być wydaną i sprzedaną.

Wieczorem, z moimi studentami w barze, na koncercie jazzowym. Świetny, trzyosobowy zespół: fortepian, bas, perkusja. Silna, wibrująca dynamika, pełne uniesienia i emocji partie solowe. Publiczność barowa nie słucha — rozmawia, je, pije, wchodzi, wychodzi. W przerwie czarny perkusista, spocony i rozdygotany, mówi mi, że to, co grają, nazywa się Fusion Jazz i jest połączeniem stylów, szkół, kierunków, muzycznym collage. W tym świetle trafna jest definicja słowa „fusion" w „The American Heritage Dictionary": „1. The act or process of melting by heat. 2. A mixture or blend formed by fusing". Właśnie! Melting by heat. To jest ważne. Temperatura, która przemienia właściwości materii, tworzy nowe struktury, nowe jakości.

Fusion — jako przyszłość sztuki? W Filadelfii na uniwersytecie wystawa malarzy meksykańskich. Objaśnienie pod obrazami: mixed technique. To samo w literaturze. Emerging Art, New Writing, itd.

W „The South Carolina Review" (jesień 1986) recenzja Johna L. Idola z tomu wywiadów Thomasa Wolfa („Thomas Wolf Interviewed, 1929—1938"). „Wolf, podobnie jak Coleridge, ani na chwilę nie przestawał mówić o sobie i o swoim pisarstwie".

8.3.
Na wystawie malarstwa Anzelma Kiefera (Niemiec, ur. 1945). Kiefer opanowany wizjami zniszczenia, zagłady, pustki. Na jego olbrzymich obrazach nie ma ludzi, są wymarłe przestrzenie, wielkie, wyludnione hale, puste pola,

puste płaszczyzny. Napięte, niemal mistyczne światło, wytłumione, szare kolory, czasem przebijająca ochra, krajobrazy po bitwie, po wielkim wybuchu zalane bezkształtnym, zastygłym ołowiem. Opary unoszące się nad otchłanią piekielną; dopalająca się ziemia, metafizyka grozy, materii bez człowieka, zagłady.

Z okien mojego mieszkania (1201, Rittenhouse Regency, 225 South 18 Street, Filadelfia) widzę sąsiednią kamienicę, zwłaszcza widzę okna mieszkania zajmowanego przez dwójkę młodych ludzi — dziewczynę i chłopaka. Oboje są szczupli, podobnego wzrostu, mają ten sam jasny kolor włosów. Czasem blisko okna jedno z nich rozbiera się. Na tę odległość (sporą!) nie mogę rozróżnić, czy jest to chłopak, czy dziewczyna. Ale zawsze jest to podniecające.

Moje prywatne odkrycie poetyckie: Paul Blackburn (1926—1971). Kiedy spytałem Ginsberga, dlaczego Blackburn umarł tak młodo, odpowiedział: „Too much Gauloise". Palił ciągle. Nowojorczyk — cała jego poezja jest naładowana, nabita Nowym Jorkiem, Manhattanem. To poezja nerwowa, liryczna, jej język — potoczny, zwykły, prosty, język zapisków na kartkach papieru, na skrawkach gazet, na rachunkach i serwetkach w barach i restauracjach. Blackburn często używa w wierszach cyfr: godzina 8.15, 6.40 dol., 38 str. — podkreśla to zwyczajność tej nie-poezji, która jest przecież poezją znakomitą!

Dwie poetki amerykańskie — Susan Steward i Elene Terenova — pokazują mi kolekcję malarstwa, grafiki i rzeźby, jaką na początku naszego stulecia zgromadził w swoim domu filadelfijskim farmaceuta i wynalazca — Albert C. Barnes. Jest tam zebrane ponad tysiąc obrazów, głównie francuskich impresjonistów (choć nie tylko). Wszystko rozwieszone w największym pomieszczeniu, ciasno, rama przy ramie, rzędami, piętrami, wizje, linie, kolory zjadają się nawzajem, zmasowanie, tłok, przepychanka nie dadzą się opisać. Cranach obok Cézanne'a, Matisse obok Daumiera, Corrot, Tintoretto i Van Gogh — razem, El Greco obok Boscha, Chardine'a i Rubensa. Soutine, Renoir (dużo renoirów), Watteau, Goya, Manet, Gauguin, Chirico, Courbet, Modigliani, Henri Rousseau, Picasso, Degas, Veronese, Bonnard i zaraz Klee, i zaraz Utrillo, wszyscy ściśnięci, upchani na jednej ścianie. Nie sposób takiej ilości obejrzeć jednorazowo, w połowie zwiedzania człowiek pada pokonany, nieprzytomny.

Wszędzie jabłka Cezanne'a. I wszędzie dziewczyny Renoira. Te jabłka i dziewczyny dominują, czekają na nas za każdym zakrętem, w każdej nowej sali.

Po wyjściu z wystawy: nadmiar wrażeń zabija wszelkie wrażenia — nie zostaje nic. Malarze niszczą się nawzajem, ich zamknięte światy, świat Cranacha, Corota, Matisse'a, tutaj, na tych ścianach wiszą rozbite, rozrzucone, zatarte.

Idąc szybko od sali do sali (bo zamiast zobaczyć jak najlepiej, chcemy zobaczyć jak najwięcej) tracimy kontakt ze starym Cezanne'em, z tą chwilą, kiedy siedzi on u stóp góry St. Vincenze i czeka, aż promienie słońca utworzą z niej solidną, mocną, wyrazistą bryłę.

W liście do „The New York Times" 15.3. Sol Gittleman wymienia, kto sympatyzował z Hitlerem: M. Heidegger, C. J. Jung, Ezra Pound, T. S. Eliot, W. B. Yeats, Luis-Fernand Céline.

Postępy komunikacyjne: w 1971 leciało samolotem 174 miliony ludzi, w roku 1987 — 450 milionów.

Filadelfia, sobota 12 marca, godzina 19.30. Ciepło. Dwie głównie ulice w śródmieściu:
Chesnut — kolejka, długa, kilometrowa kolejka do kina. W kolejce sami czarni, tylko czarni. Cała Chesnut, która w ciągu dnia należy do białych, w sobotę wieczorem staje się deptakiem czarnych, ich promenadą, ich corso.

A obok ulica Locus. Przy tej ulicy stoi gmach filharmonii. Tu gra słynna Philadelphia Philharmonic Orchestra. Dzisiaj Erich Landsdorf dyryguje symfoniami Mozarta i Szostakowicza. Na schody wchodzi tłum słuchaczy — i to są tylko biali.

Dwa strumienie — czarny i biały — przecinają się i mijają na Broad Street — nie połączone, nie przemieszane, zmierzające w przeciwnych kierunkach, w stronę innych przeżyć.

Tu, w Ameryce, poezja wyprzedza prozę. Poezja poszukuje, jest świadoma kryzysu literatury, stara się znaleźć rozwiązania, znaleźć wyjście. Przede wszystkim szuka wyjścia w języku — w strukturze języka, w jego możliwościach. Jest w niej niepokój, jest coś serio, jest wysiłek. Niewiele z tych zmagań widać w prozie — powieści pisane są sprawnie, ale w sposób bardzo tradycyjny, proza nie jest tu polem walki, polem napięć. W prozie najważniejsze jest „to have story" i zręcznie ją opisać. Telewizja zniszczyła prozę znacznie bardziej niż poezję.

David Rieff (ostatnio ukazała się tu jego książka pt. „Going to Miami") mówił moim studentom w czasie seminarium poświęconego tej książce:

— w literaturze USA dominuje obecnie amerykański minimalizm: to literatura opisująca środowisko klasy średniej, dom, życie rodzinne, stosunki z sąsiadami, party;

— największe kraje świata są najbardziej prowincjonalne, zamknięte w sobie: USA, Rosja, Chiny — ich społeczeństwa mało wiedzą o świecie, nie interesują się nim;

— w dziedzinie informacji coraz bardziej zwracamy się w stronę informacji wizualnej, coraz więcej czerpiemy z niej wiedzy o świecie;

— w Ameryce bardzo dużo ludzi pisze. Ponieważ całe życie coś piszemy, ludziom wydaje się, że pisanie nie jest trudnością, nie jest sztuką. Nie komponują symfonii, bo zdają sobie sprawę, że napisanie partytury wymaga pewnej wiedzy muzycznej, natomiast opisać przyjęcie u znajomych — każdy potrafi!

Lekcja Francis FitzGerald, jednej z najlepszych reporterek amerykańskich, autorki znakomitej książki o Wietnamie pt. „Fire in the Lake", za którą dostała Pulitzera. W roku 1976 FitzGerald drukuje w „Harper's" obszerny reportaż z Iranu (nagroda Overseas Press Club). Autorka jest u samego źródła informacji: ambasadorem USA w Teheranie jest Richard Helms, były szef CIA, a ojciec FitzGerald był w tej instytucji zastępcą Helmsa. Helms udostępnia jej swoje irańskie dossier. Autorka rozmawia z ministrami szacha, z generałami, z ludźmi pałacu. I w całym tym świetnie napisanym, a miażdżącym dla szacha tekście, ani słowa o islamie, o szyitach, o Chomeinim, który już za dwa lata rozpocznie rewolucję, a potem obejmie władzę!

Jest jedno miejsce, w którym Amerykanie zachowują się jak w kościele: cicho, w skupieniu, nabożnie — w banku.

Szedłem z Susan Stewart przez campus. Mówiłem jej o Treblince. Teraz jest tam pole, o, taka łąka jak ta, przed biblioteką. Mówiłem jej o świecących fosforem polach Oświęcimia, na których leżały kości miliona ludzi. Światło, oto co pozostało, światło pojawiające się, kiedy jest pełnia księżyca.

Ich planowanie: swój czas mają rozplanowany na miesiące, na lata naprzód. Toby Olson pyta mnie w lutym: „W którym hotelu będziesz mieszkać w Nowym Jorku, kiedy pojedziemy tam na kolację 29 kwietnia?" Odpowiadam: „Wszystko jedno w którym, zajmiemy się tym tydzień wcześniej". Patrzy na mnie, widzę, że nie rozumie. W marcu rozważa, którym samolotem, o której godzinie poleci we wrześniu do Bostonu. A rok następny? Już rozplanowany. A rok 2000? Cały zajęty, a jeśli nie zajęty, to ich myślenie jest zajęte rozważaniem, jak go zaplanować (żyją i planują tak, jakby nigdy nie mieli umrzeć). W tak ukierunkowanym myśleniu już dzień dzisiejszy, już teraźniejszość jest przeszłością. Dzisiaj to jest coś, co minęło, co było. W tak ukształtowanej wyobraźni przeszłość nie istnieje jako byt ciągle żywy i ważny, kształtujący nasze zachowanie i myślenie.

Można przekazać wiedzę, ale nie można przekazać przeżycia. Przeżycie posiada pewien dodatkowy wymiar egzystencjalny, wobec którego słowo jest zbyt ubogie, zbyt bezradne.

Z Toby Olsonem do Richmond, skąd wysyłam swoje książki do Polski, bo zbliża się termin mojego wyjazdu z Filadelfii. Richmond, podobnie jak Green Point, jak Milwaukee — polskie dzielnice: ubogie, szare, brzydkie. Nastrój wegetacji, marazmu, wiecznej tymczasowości, być, żeby coś zarobić, nie widać, żeby ktoś miał skrzydła, żeby przebijał się ku słońcu. Toby, przenikliwy, wrażliwy poeta i pisarz, mówi mi o różnym rozumieniu czasu w Ameryce i Europie (której, notabene, nie zna zbyt dobrze). W Ameryce nie można wrócić na stare miejsce. Jeżeli wróci się, już go się nie rozpozna, będzie zmienione. Stąd wśród Amerykanów nie ma przywiązania do przeszłości. Dzieci często nie wiedzą, gdzie pochowani są ich rodzice. Można wyobrazić sobie, jak za sto lat będzie wyglądać Paryż czy Florencja, tymczasem miast amerykańskich wyobrazić sobie nie można — będą zupełnie inne. Nasz naród jest w ciągłym ruchu, w drodze. Toby chodził do dziesięciu różnych liceów, w różnych miastach Ameryki. Ludzie przenoszą się tam, gdzie dostają lepszą pracę. Pakowanie, pakowanie. Toby pyta, jak czuję się, kiedy wyjeżdżam. Okropnie! Wyjeżdżając zawsze coś tracę, w każdym wyjeździe jest bezpowrotność.

Z Los Angeles
1988

Duża ulica — 6th Street: Irańczycy!
Broadway — ulica meksykańska.
Małe Tokio — zaułki, kwiaty jak w Kioto. Wycieczki szkolne, dzieci w niebieskich mundurkach — sami Japończycy.

Fioletowe jakarandy, intensywne, aż wpadające w granat.

Michael Gage — wiceburmistrz Los Angeles. Rozmowa w jego gabinecie zawalonym kartonami z jakimiś urządzeniami telewizyjnymi. Gage pełni swoją funkcję już pięć lat i chce pozostać tu nadal, ponieważ fascynuje go „the magic and dynamism of time". Wszyscy mamy tu „a frontier mentality" — mówi. W szkołach podstawowych dzieci mówią 81 językami. Ta różnorodność stwarza klimat ogólnej tolerancji, życzliwości, chęci uczenia się jednych od drugich. Jednocześnie — ciągnie dalej — Los Angeles staje się coraz wyraźniej wielkim centrum rodzącej się cywilizacji Pacyfiku. Miasto leży w połowie drogi między dwoma centrami finansowymi świata współczesnego (tj. między Tokio i Singapurem po jednej, a Londynem i Genewą po drugiej stronie) i samo rozrasta się do rozmiarów takiego centrum. W Ameryce stajemy się ośrodkiem władzy materialnej. Około połowy nowych budynków w centralnej części miasta należy do obcego kapitału.

Nie nazywają tego miastem, ale polem miejskim (urban field). Na tym polu mieszka 8,5 miliona ludzi. Jedna trzecia to biali, jedna trzecia — Latynosi, jedna trzecia — Azjaci. Procent ludności białej zmniejsza się szybko. Jeżeli przyjąć, że Trzeci Świat to ludy kolorowe, Los Angeles będzie na początku przyszłego wieku jednym z największych miast Trzeciego Świata.

Są tu bezdomni biali i bezdomni czarni, bezdomnego Azjaty właściwie nie spotyka się. Bezdomni koczują na plażach, w cieniu palm, co jednak jest przyjemniejsze niż wegetacja w dusznych kanałach Filadelfii, w których gniotą się ich pobratymcy z Wybrzeża Wschodniego.

Każdy kryzys, gdzieś daleko w świecie, wzbogaca Los Angeles. Kiedyś pieniądze napłynęły tu z Libanu, potem, po rewolucji, z Iranu, teraz płyną z Hongkongu.

Joel Kotkin, autor książki „Trzeci wiek: Ameryka wkracza w erę Azji", mówi mi: „Już w roku 2010 Amerykanie pochodzenia europejskiego będą stanowić w Kalifornii mniejszość (w całych Stanach nastąpi to przed rokiem 2050). W ciągu ostatnich 10 lat Kalifornia stworzyła więcej miejsc do pracy niż cała Europa Zachodnia. Ameryka musi przestać myśleć o sobie jako o części Europy i zacząć traktować się jako część Azji. Ameryka stoi w obliczu wielkiej, historycznej reorientacji!"

Alexander Hamilton Public High School. W klasie trzydziestka nastolatków wszystkich ras. Temat: czy studiując przyrodę możemy wyciągnąć wnioski etyczne. Nauczyciel prowadzi lekcję z tymi, którzy chcą brać w niej udział. Reszta czyta jakieś książki, rozmawia, wychodzi, dwie dziewczyny śpią.

Świat handlarzy narkotyków. Przez Los Angeles przechodzi 80 procent heroiny i ponad 60 procent kokainy sprzedawanych na rynku Stanów. Stopniowo handel, którym dawniej zajmowała się mafia i starzy profesjonaliści, przechodzi w ręce uzbrojonych po zęby gangów młodzieżowych, które staczają między sobą krwawe wojny uliczne. W LA terenem tych walk jest południowa dzielnica miasta. Jadąc tamtędy widzi się domy porzucone, domy spalone, ściany pokryte tajemnymi znakami. To herby poszczególnych gangów, którymi oznakowują one granice swoich terytoriów. Dwa gangi największe — Crisps i Bloods liczą po 40 tysięcy członków. Inne gangi — Korean Killers, 52th Street, Philipinos itd. Piętnastoletni chłopak handlując narkotykami może zarobić do dwóch tysięcy dolarów dziennie. Klimat walki, morderstw, przestępstw zaostrzył się z chwilą wynalezienia taniej odmiany kokainy — crack — która wyzwala w człowieku pokłady nienawiści, wolę zniszczenia, pragnienie mordu.

Gangi posługują się własnymi językami, przypominającymi język głuchoniemych, i posiadają też własne alfabety. Znajomość tych alfabetów, np. umiejętność odczytania wydanego na siebie wyroku, może uratować życie.

Nowe zjawiska w emigracji do Stanów Zjednoczonych. Dawniej emigrowała Europa, teraz — Azja i Ameryka Łacińska. Dawniej emigrowała biedota, teraz — wielu ludzi z wykształceniem. Dawniej emigrowały całe rodziny — teraz przyjeżdża tu wiele młodzieży. Dawniej przyjazd do USA był czymś ostatecznym, teraz część przyjeżdżających myśli .osiąść tu czasowo i kiedyś — wrócić do kraju rodziców.

W gabinecie Dona Williamsa, dyrektora zakładów AST (produkcja komputerów), wisi zdanie Konfucjusza: „Life is very simple, but man insists on making it complicated".

W Los Angeles nowe miasto wietnamskie, architektura, napisy — wietnamskie. Ale są i objaśnienia po angielsku. To dla białych Amerykanów, którzy muszą uczyć się poruszać we własnym kraju.

Kraje, które nie przyjmą do siebie ludzi z Trzeciego Świata, same zamienią się w Trzeci Świat.

Słońce, jego promienie tak jasne, że miasto pogrąża się w czerni.

Książka do napisania: rola dziecka w historii. Krucjata dziecięca (Andrzejewski „Bramy raju", Mozart — dziecko koncertujące, dzieci w getcie i w Powstaniu Warszawskim, łącznicy, bojownicy, Iran, Uganda), dzieci — twórcy języków, systemów komputerowych. Dawniej dziecko ubierano tak, że wyglądało jak mały dorosły (obrazy Goyi, Velázqueza), świat dzieci i dorosłych był nierozdzielny. Współczesność stworzyła osobny świat dziecięcy, zamknęła dziecko w tym świecie (np. Disneyland, choć sam przekonałem się, że wśród zwiedzających przeważają starsi).
Nigdy nie rozwiązany problem dziecka w dorosłym człowieku. Na ile dorosły to inny człowiek, dziecko rozwinięte w dorosłego, a na ile pozostał on dzieckiem, tyle że niejako owiniętym, opakowanym kimś innym.
(Dodajmy: dzieci — królowie, paryski gavroche, dzieci — aktorzy filmowi, np. sławna Shirley Temple, jedenastoletni chłopiec przelatujący samolotem Atlantyk, itd.)

Ludność świata zwiększa się o około 220 tysięcy ludzi dziennie. Do końca wieku będzie nas ponad 6 miliardów.

W Dortmundzie przystąpiono już do organizowania Sylwestra 2000.

Z Warszawy
1989

Norwid, 1858:

I

Kiedy byłem smutny, a zdawało mi się, że smutek mój do mnie nie należy, poszedłem za miasto wielkie, między czarne cyprysy, na smętarz.

II

I powiedziałem sobie: „Oto pójdę nad brzeg najświeższego grobu, ale się nie zapytam, kto ma owdzie spocząć, ażeby mój smutek nie był dla nikogo z tych, których pocieszają albo płaczą: tylko aby był smutkiem c z ł o w i e -k a d l a c z ł o w i e k a."

III

Więc, myśląc to, znalazłem się z brzegu jamy głębokiej, a osiwiały grabarz wyrzucał z niej piasek ku drugiemu, który stał wyżej, równie ze mną.
Przez cyprysów kilku gałęzie czarne widać było słońce zachodzące i wieże miasta dalekiego widać było na krańcu niebios.

IV

Tedy, rozmyślając rzeczy znikome, nie chciałem się pytać o nic onych robotników śmierci, ale pochyliwszy się, zmówiłem pacierz i wziąwszy g a r ś ć p i a s k u, rzekłem sobie: „Oto zasypię nią pierwszy smutny list, który mi do bliźniego przyjdzie pisać."

V

A kiedy powróciłem w progi moje, było jakoby na godzinę jedną przed północą, więc wrzuciłem ów piasek w kielich szklanny z e g a r u p i a s k o w e g o, który stał był pusty przy zapalonej lampie mojej, i siadłem spocząć.

VI

I oto, skoro zegar ów rozmierzać począł potok biegnących chwil upadkiem piasku, usłyszałem jakoby wyrazów szepty, a te rzymskim zdawały mi się brzmieć językiem: „*Sit — tibi — terra — levis.*"

VII

I mówił on Piasek szepty swymi:
„Oto t y s i ą c o s i e m s e t d w a d z i e ś c i a l a t, jak kopano tu grób dla popiołów w y g n a ń c a, a ten był przywódcą legionu rzymskiego w ojczyźnie swojej."

VIII

„I oparł się był woli tego, który mówił w rozgniewaniu swoim: «R a d b y m, a b y c a ł y r z y m s k i l u d m i a ł j e d n ą g ł o w ę, k t ó r ą b y m p o d ł o ż y ł p o d o s t r z e m i e c z a!»"

IX

Więc, policzywszy lata, sprawdziłem, iż mowa jest o C a j u s i e   C a l i g u l i, i słuchałem, co Piasek mówił. Ten zaś szeptał wciąż upadkiem pyłów i głosił:

X

„Wygnaniec ów rzymski pierwszych lat samotności swej w Galii zachodził do L u t e c j i   m i a s t a, które dziś zwie się P a r y ż, i stawając w porcie, patrzyć lubił na płótna żagli, azali trójkątny l a t y ń s k i żagiel nie zawinie od Śródziemnego Morza?

XI

„A następnych lat zbudował sobie dom, senatorskiemu rzymskiemu domowi podobny, i siadując u wnijścia, z głową jak niewolnik ogoloną, *Fedona* czytywał, albo, jałmużny dając, wskazywał ku południowemu słońcu ręką prawą, jak ten, co rozkazy gdy wydaje, przypomina sobie, iż niewolnikiem jest — albo jak ten, co nie wie, która rzecz byłaby sprawiedliwszą: przekląć czy błogosławić.

XII

„I bywało, że z ręką tak w powietrzu próżni ku Rzymowi wielkiemu wyciągniętą, widywano go jako posąg u wnijścia domu — a przechodzący tułacz albo ubogi druid brał z onej ręki upadającą jałmużnę.

XIII

„Ale następnych lat jeszcze, kiedy tablic swych marmurowych ustąpiła historia nikczemności, zaniemówił był wcale ów wygnaniec rzymski i zawołał raz tylko: «P o d- l i!», a truciznę wypiwszy, zostawił czarę roztrąconą, drzwi rozwarte i dom pełen wielkiego nieporządku."

Spis treści

Z Meksyku 1972 7
Z Gdańska 1980 27
Z Warszawy 1982 35
Z Warszawy 1983 51
Z Nowego Jorku 1983 65
Z Warszawy 1984 75
Z Kolonii 1984 87
Z Londynu 1984 93
Z Warszawy 1985 105
Z Oxfordu 1986 119
Z Warszawy 1986 127
Z Warszawy 1987 139
Z Filadelfii 1988 181
Z Los Angeles 1988 207
Z Warszawy 1989 215

„Czytelnik", Warszawa 1990. Wydanie I.
Nakład 49650 + 350 egz. Ark. wyd. 7,2; ark. druk. 14.
Oddano do składania 4 IV 1989 r.
Podpisano do druku 15 XI 1989 r.
Druk ukończono w kwietniu 1990 r.
Zakłady Graficzne w Gdańsku
Zam. wyd. 758; druk. 570/89 A-102
Printed in Poland